HOLT
3
SPANISH

¡Ven conmigo!®

Listening Activities

HOLT, RINEHART AND WINSTON

A Harcourt Classroom Education Company

Austin · New York · Orlando · Atlanta · San Francisco · Boston · Dallas · Toronto · London

Contributing Writers:

Mediatheque, Inc.

Cover Photo/Illustration Credits
Girl: Marty Granger/HRW Photo; boy: Michelle Bridwell/Frontera Fotos; classical guitar: Image Club Graphics ©1997 Adobe Systems; CD player: Sam Dudgeon/HRW Photo

Photography Credits
All photos belong to Holt, Rinehart and Winston, Inc., by Marty Granger/Edge Productions except: Page 13 (all), Michelle Bridwell/Frontera Fotos; 38 (cl), Michelle Bridwell/Frontera Fotos; 51 (t, cl, cr), Michelle Bridwell/Frontera Fotos; (r), Chuck Savage/The Stock Market; 60 (l), Reuters/Enrique Marcarian/Archive Photos; (cl), Steve Allen/Gamma Liaison; (cr), Sichov/Sipa Press; (r), V. Fernandez/Shooting Star International.

¡VEN CONMIGO! is a trademark licensed to Holt, Rinehart and Winston, registered in the United States of America and/or other jurisdictions.

Printed in the United States of America

ISBN 0-03-065556-0

2 3 4 5 6 7   066   05 04 03

Contents

Student Response Forms for Textbook Listening Activities and Additional Listening Activities

Scripts and Answers for Textbook Listening Activities and Additional Listening Activities

Scripts and Answers for Testing Program

To the Teacher

The *Listening Activities* book presents many of the listening activities available for use with Level 3 of *¡Ven conmigo!* Here, presented in one book and packaged together by chapter for ease of access, use, and review, you will find the materials needed to include listening practice at every point in your lesson cycle. The recordings for all the activities in this book can be found on the *¡Ven conmigo! Audio Compact Discs.*

What will you find in the Listening Activities book?

- **Textbook Listening Activities, Student Response Forms, Scripts and Answers** The listening activities in the *¡Ven conmigo! Pupil's Edition* are designed to practice and develop listening comprehension skills in real-life contexts. The Textbook Listening Activities, which are indicated in the *Pupil's Edition* with a listening icon, feature a wide variety of situations and tasks, such as phone messages, exchanges in a store or restaurant, or conversations between friends about school and free-time activities. Many of the activities are art-based, and in some cases, students will need to look at the art on the corresponding page of the *Pupil's Edition* as they complete the activity on the Student Response Form. Copying masters of the Student Response Forms for each chapter's listening activities are included here. In addition, this book contains the scripts and answers to all Textbook Listening Activities, also organized by chapter.

- **Additional Listening Activities, Songs, Copying Masters, Scripts and Answers** Six Additional Listening Activities per chapter, three for each **paso**, provide further listening comprehension practice. The purpose of these Additional Listening Activities is to develop, reinforce, and refine listening skills, using contexts that simulate real-life settings. Students hear conversations, announcements, advertisements, radio broadcasts, weather reports, and so on. The Additional Listening Activities are thematically related to each chapter and focus on the target vocabulary and grammar points, but also contain some new and unfamiliar material. For further practice, each chapter of Additional Listening Activities also includes a song. This *Listening Activities* book contains the copying masters for the Additional Listening Activities and song lyrics, organized by chapter. Also included are the scripts and answers to each Additional Listening Activity.

- **Quiz and Test Listening Scripts and Answers** The *Listening Activities* book also contains the scripts and answers for the listening sections in each quiz and test of the *¡Ven conmigo! Testing Program*, as well as the scripts and answers to the Midterm and Final Exams. The listening sections of the quizzes and tests are brief, contextualized activities that test both discrete-point and global listening skills. The emphasis is on evaluating students' ability to recognize target vocabulary and structures in a variety of real-life contexts.

How can you use the materials in the Listening Activities book?

The goal of *¡Ven conmigo!* is the development of proficiency in all four skills. To develop proficiency in aural comprehension, the program facilitates incorporation of listening activities into all phases of the lesson cycle, from presentation, to practice and expansion, to review and assessment. The materials gathered together in the *Listening Activities* book allow you to familiarize yourself quickly with the many listening options available to you and your students with this program, and to incorporate these materials easily into your lesson. All the recordings feature a wide variety of native speaker voices, thus allowing students to experience and become familiar with a range of authentic Spanish-speaking accents that they may encounter while studying or traveling in the Spanish-speaking world.

- **Using the Textbook Listening Activities** In each chapter, there are different kinds of Textbook Listening Activities, each appropriate for use at specific points in the lesson cycle. Icons in the *Pupil's Edition* indicate listening activities. First, you may use the listening activity following an **Así se dice** or **Vocabulario** presentation to develop students' recognition of new material. Second, as students move from recognition to production, you may use subsequent Textbook Listening Activities, as well as the **Repaso** listening activity, to develop more global listening skills and to reinforce the language students are beginning to produce. The Textbook Listening Activities are also excellent preparation for the listening sections on the quizzes and tests.

- **Using the Additional Listening Activities** The Additional Listening Activities are ideal for developing global listening skills, and may be best used towards the end of a **paso** or chapter. The fact that these activities contain some unfamiliar material helps students to learn an invaluable lesson in developing listening proficiency: They need not understand every word in order to comprehend the main idea. These activities may also be used to review for the test, and to offer the faster-paced students a challenge and the opportunity to experience language that is slightly ahead of their level. The songs, although thematically linked to each chapter, may be used at any time. Teachers use songs in many ways: as part of a culture lesson or "fun" day; to present or reinforce certain vocabulary or structures; or to practice listening comprehension by turning the song lyrics into a cloze or matching activity.

- **Using the Quiz and Test Listening Scripts and Answers** The anxiety many students feel when faced with a listening section on a quiz or test may affect their performance. To help lower anxiety, remind students that the tasks they are asked to do on the quizzes and tests, as well as the voices they will hear, are very similar to what they have done and heard in the Textbook Listening Activities and the Additional Listening Activities. Many teachers find it preferable to administer the listening portion of the quiz or test first, and then have students proceed with the other sections. You may have students complete the listening portion of the quiz or test on one day, then administer the rest of the test the next day. You may also play the recording once and ask students just to listen, then replay it and have students complete the task.

Student Response Forms for Textbook Listening Activities
and
Additional Listening Activities

6 Como quieras

Escucha las siguientes conversaciones. Luego, escribe en la categoría apropiada el nombre de la persona que expresa cada emoción.

	interés	indiferencia	aversión
1.			
2.			
3.			
4.			
5.			
6.			
7.			
8.			

8 Una entrevista

Una periodista está entrevistando a varios jóvenes sobre qué pasatiempos y deportes les gustan. Vas a escuchar seis frases. ¿Qué deporte o pasatiempo le gusta a cada persona?

1. _____   4. _____

2. _____   5. _____

3. _____   6. _____

13 ¿Cómo lo pasaste?

Vas a escuchar a Luisita conversar por teléfono con Miguel. Para cada verbo que sigue, indica si están hablando del **presente** o del **pasado**.

	presente	pasado
1. escuchar la radio		
2. ir a la playa		
3. nadar en el mar		
4. practicar el esquí acuático		
5. pasear en velero		
6. jugar a las cartas		
7. leer el periódico		
8. ir al concierto		

Student Response Forms

20 ¿Qué tienen en común?

Vas a escuchar a seis compañeros de Amparo hablar de lo que hicieron durante el verano. Después de escuchar las frases, indica si tienen más en común con Amparo o con Miguel.

	Amparo	Miguel
1.		
2.		
3.		
4.		
5.		
6.		

22 ¿Me oíste?

Amparo está hablando con varios amigos en una fiesta. No responde bien a las preguntas porque la música está muy alta y no oye bien. Escucha las siguientes conversaciones e indica si las respuestas son **lógicas** o **ilógicas**.

	lógica	ilógica
1.		
2.		
3.		
4.		

	lógica	ilógica
5.		
6.		
7.		
8.		

Student Response Forms

Repaso Activity 1

Amparo está invitando a varios amigos a acompañarla a la playa, ¡pero todos ya tienen planes! Escucha las siguientes conversaciones e indica qué dibujo corresponde a cada conversación. Escribe la letra de la foto apropiada en el espacio correspondiente. Una de las conversaciones no corresponde a ningún dibujo.

a.

b.

c.

d.

1. _____   2. _____   3. _____   4. _____   5. _____

■ PRIMER PASO

1-1 Laura works for a youth radio station. Listen as she interviews two students, Miguel and Beatriz, about how they like to spend their free time. Choose the letter from the list that best matches each student's interests and write it in the blank next to his or her name.

   a. jugar al tenis, ir a conciertos, tocar el saxofón
   b. jugar a los videojuegos, escuchar música, tocar el clarinete, tocar la batería
   c. escuchar música, leer revistas, escuchar la radio, sacar fotos
   d. escuchar música, pasear en bicicleta, montar a caballo, patinar en línea

   1. Miguel _____   **2.** Beatriz _____

1-2 Listen as Pedro and Teresa Fernández talk about their upcoming trip to Galicia. Based on what you hear, determine which one of them wants to do the activities listed. Circle the name of the person who expresses an interest in each activity.

1. pasear en velero	**Pedro**	**Teresa**
2. conocer lugares turísticos	**Pedro**	**Teresa**
3. comer pescado	**Pedro**	**Teresa**
4. ver bailar la jota	**Pedro**	**Teresa**
5. oír tocar la gaita	**Pedro**	**Teresa**

1-3 Listen as the radio sports commentator, Fernando, interviews Manolo about the new soccer star of the Spanish team El Real. The star's name is el Buitre Ribalta. Based on what you hear, place a check mark under the name of the person or persons (either Manolo or el Buitre Ribalta or both) to whom each adjective applies. Then answer the question that follows the chart.

	Manolo	**el Buitre Ribalta**
atlético		
abierto		
sincero		
fuerte		
delgado		
inteligente		

Why do you think Manolo and el Buitre Ribalta get along so well?

_____

Additional Listening Activities

SEGUNDO PASO

1-4 Consuelo is showing her friend Marta some photos out of her family album. Listen as she describes each member of her family. As she describes each one, write down his or her name and relationship to Consuelo.

1. _____

_____

2. _____

_____

3. _____

_____

4. _____

_____

Spanish 3 ¡Ven conmigo!, Chapter 1

Additional Listening Activities

1-5 Señora Villafranca is very proud of her twin sons, Carlos and Tomás. Listen to her description of them. Then fill out the grid checking off the features that describe each one.

	gafas	pesado	bigote	majo	buen sentido del humor	pelo rizado	barba	listo	intere-sado en los deportes
Carlos									
Tomás									

1-6 Listen carefully to the following radio news report, and then select the picture that best matches the description you hear in the report.

1.

2.

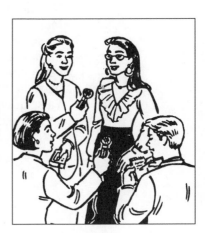
3.

Which drawing best depicts Morocha as she is described here? _____

Additional Listening Activities

SONG

This song from Spain tells of the shepherds heading down from the highlands with their flocks, on their way to the region known as Extremadura for the coming winter. It also tells of the sadness of the girls they're leaving behind.

Los pastores

Ya se van los pastores
a la Extremadura,
ya se van los pastores
a la Extremadura,
ya se queda la sierra triste y oscura,
ya se queda la sierra triste y oscura.
Ya se van los pastores,
ya se van marchando.
Ya se van los pastores,
ya se van marchando.
Más de cuatro zagalas quedan llorando,
Más de cuatro zagalas quedan llorando.
Ya se van los pastores
hacia la majada,
ya se van los pastores
hacia la majada
Ya se queda la sierra triste y callada,
ya se queda la sierra triste y callada.

This song is recorded on *Audio CD 1*. Although it is presented in this chapter, it can be used at any time.

Spanish 3 ¡Ven conmigo!, Chapter 1

2   ¿Cómo los describes?

Escucha las siguientes descripciones e indica cuál de los consejos corresponde mejor a cada situación.

_____ 1. Iván   **a.** Debe ser más optimista.

_____ 2. Moisés   **b.** Debe pasar más tiempo con menos chicos(as).

_____ 3. Gabriela   **c.** Debe ser más honesto(a) con sus amigos y también con sí mismo(a).

_____ 4. Marcos   **d.** Debe ser menos egoísta.

_____ 5. Isabel   **e.** Debe tratar de ser más extrovertido(a).

7   ¿Buen consejo?

Escucha los siguientes problemas y consejos. Si te parece bueno el consejo, pon una **X** en la primera columna. Si te parece malo, pon una **X** en la segunda columna.

	Buen consejo	Mal consejo
1.		
2.		
3.		
4.		
5.		
6.		
7.		

13 Consejero en la radio

Imagina que trabajas para una emisora *(radio station)*. Recibes llamadas de gente que necesita tu ayuda. Escucha la siguiente llamada y toma apuntes *(notes)* sobre el problema. Escucha otra vez y luego escribe una respuesta que le da consejos. Menciona por lo menos tres consejos.

Apuntes _____

_____

Consejos

1. _____

2. _____

3. _____

4. _____

5. _____

Student Response Forms

21 ¿Buenos hábitos?

Escucha lo que dicen las siguientes personas. Luego indica si cada persona tiene hábitos saludables o no.

	Hábitos saludables	Hábitos no saludables
1.		
2.		
3.		
4.		
5.		
6.		

23 ¡Qué lío!

Escucha las descripciones e indica a qué dibujos corresponden.

a.   b.   c.   d.

_____ 1.   _____ 2.   _____ 3.   _____ 4.

26 En el colegio

Ricardo, estudiante en la Universidad Central, habla de sus años en el colegio. Escucha cada frase e indica si habla de acciones **habituales** o **no habituales**.

	Habituales	No Habituales
1.		
2.		
3.		
4.		
5.		
6.		

Student Response Forms

29 ¿Qué está mal en este dibujo?

Mira el dibujo de Ana Patricia cuando era joven. Luego escucha lo que dice sobre su vida en la escuela secundaria. Hay tres errores en el dibujo. ¿Cuáles son?

Errores

1. _____
   _____

2. _____
   _____

3. _____
   _____

Repaso Activity 1

Escucha la descripción del día de Gloria. Escribe las letras de las fotos en el orden en que ocurrieron.

a

b

c

d

Orden en que ocurrieron _____ _____ _____ _____

Additional Listening Activities

■ PRIMER PASO

2-1 Listen as señorita Esparza, a guidance counselor, describes to her supervisor five students she's seen today. Based on her comments, write the name of each student under his or her picture below.

1. _____

2. _____

3. _____

4. _____

5. _____

2-2 Emilia, who is away at college, is reading a letter from her mother. Based on the letter, decide whether each of the statements below is true or false.

_____ 1. La mamá le dice a Emilia que su papá debe trabajar más porque sólo se queda en casa relajándose.

_____ 2. La mamá está preocupada porque Emilia no tiene bastante trabajo que hacer.

_____ 3. La mamá de Emilia le aconseja tomar las cosas con calma, dormir lo suficiente y cuidarse mucho.

_____ 4. Su mamá le dice que no debe preocuparse tanto por sus notas.

_____ 5. Su mamá le recomienda relajarse y reírse un poco más.

Additional Listening Activities

2-3 Listen as some friends ask Yolanda for advice. Then, write the letter of the advice that Yolanda probably gave to each one. One piece of advice doesn't correspond to anyone.

1. _____
2. _____
3. _____
4. _____
5. _____

   a. Deberías decirle que no debe pensar tanto en las matemáticas.
   b. Te aconsejo decirle que debe ver menos películas de ese tipo.
   c. No debes tratar de hacer tantas cosas. Date un poco de tiempo para relajarte.
   d. Te aconsejo ayudarle a encontrar trabajo en otra compañía.
   e. Te aconsejo cambiar tu dieta e incluir más vegetales.
   f. Deberías dormir un poco más y tratar de tomar las cosas con calma en el colegio.

■ SEGUNDO PASO

2-4 Doctora Vidasana has a weekly radio show offering advice for a healthy lifestyle. First read over the list of statements below. Then, listen to the show and write **sí** if the doctor would agree with each statement and **no** if she wouldn't.

_____ 1. La sal es nutritiva en cantidades grandes.

_____ 2. Las personas que están a dieta deben pesarse dos o tres veces a la semana.

_____ 3. Sería bueno no pasar todo el día en frente de la televisión.

_____ 4. Es necesario hacer ejercicios por lo menos cuatro veces a la semana.

_____ 5. No hace falta ponerse una crema protectora después de salir del agua.

Nombre _____ Clase _____ Fecha _____

2-5 Some of Gerardo's friends are good examples of healthful living while others have less than perfect health habits. Write the name of each person Gerardo describes under his or her picture.

1. _____ 2. _____ 3. _____

4. _____ 5. _____ 6. _____

2-6 Doctor Almasana is a personality created by the peer counseling program at the colegio Bonaire. Read the doctor's five commandments for a sane and healthy life. Then listen to some letters Doctor Almasana received and indicate which commandment or commandments applies in each case.

Persona #1 _____

Persona #2 _____

Persona #3 _____

a. No comas comidas con mucha grasa.
b. Expresa tus emociones.
c. Aliméntate bien.
d. Comparte tus problemas con tus amigos(as).
e. Acéptate a ti mismo(a).

Additional Listening Activities

SONG

This love song comes from the southern states of Mexico, where **marimba** music is very popular. The Papaloapan River mentioned in the song arises in the high mountains of the Sierra Madre Oriental, in the Mexican state of Oaxaca, and empties into the Gulf of Mexico in the state of Veracruz.

La zandunga

1.
Ante noche fui a tu casa,
Tres golpes le di al candado.
Tú no sirves para amores;
Tienes el sueño pesado.

Refrán
¡Ay! Zandunga, zandunga, mamá por Dios
Zandunga no seas ingrata,
Mamá de mi corazón.

2.
A orillas del Papaloapán
Me estaba bañando ayer;
Pasaste por la otra orilla
Y no me quisiste ver.

3.
Eres un granito de oro
Prendido en mi corazón.
Porque sabes que te adoro
Te vales de la ocasión.

This song is recorded on *Audio CD 2*. Although it is presented in this chapter, it can be used at any time.

Student Response Forms

7 El pasado se repite

Escucha mientras una señora de Caracas cuenta cómo la vida ha cambiado desde que era niña. Luego completa las siguientes oraciones.

1. _____ ha cambiado mucho.

2. _____ ha crecido bastante.

3. _____ ha empeorado.

4. _____ ha regresado.

11 La vida moderna

Daniela y Felipe están hablando sobre el progreso tecnológico. Escucha su conversación y luego indica cuál de los dos está de acuerdo con las siguientes ideas. Pon una **X** en la caja apropiada.

	Daniela	Felipe
1. Lo que noto es que hay más estrés que nunca.		
2. La vida moderna es un poco más complicada pero ten en cuenta que tiene algunas ventajas.		
3. Se me hace que la contaminación del agua y del aire está afectando nuestra salud.		
4. Por otro lado se puede cocinar rápidamente y saber las noticias casi al instante.		
5. Creo que vale la pena tener un contestador porque siempre sabes si alguien te llamó.		

Student Response Forms

COPYING MASTERS

21 ¿Cuándo empezará?

Escucha a Bárbara y Ernesto hablar sobre varias funciones *(events)* culturales. Luego indica si la función **ya pasó** o **pasará** en el futuro.

	ya pasó	pasará en el futuro
1. concierto de guitarra		
2. exhibición de arte de Siqueiros		
3. exhibición de arte de Soto		
4. película de Maria Conchita Alonso		
5. película de Meryl Streep		
6. concierto de Luciano Pavarotti		
7. concierto de Plácido Domingo		

26 El club de voluntarios

Escucha lo que dice Maricarmen, la presidenta del club de voluntarios, en una reunión. Luego, indica si las siguientes oraciones son **ciertas** o **falsas**. Corrige las oraciones falsas.

_____ 1. Maricarmen cree que hay que pensar en el futuro ahora.

_____

_____ 2. Dice que le toca al gobierno resolver los problemas.

_____

_____ 3. Maricarmen dice que hay muchos problemas con la educación.

_____

_____ 4. Le parece que es nuestra responsabilidad aprender a reciclar varios productos.

_____

_____ 5. Según Maricarmen, no habrá más problemas mañana.

_____

Spanish 3 ¡Ven conmigo!, Chapter 3

Student Response Forms

Repaso Activity 1

A veces la tecnología no funciona como lo esperamos. Escucha mientras seis personas hablan de los inventos que usan a diario y escoge el dibujo que corresponde a cada situación. Luego haz una lista de los inventos en el orden que se mencionan y da tu opinión sobre cada uno.

a.

b.

c.

d.

e.

f.

1. _____

2. _____

3. _____

4. _____

5. _____

6. _____

Nombre _____ Clase _____ Fecha _____

Additional Listening Activities

C
O
P
Y
I
N
G

M
A
S
T
E
R
S

■ PRIMER PASO

3-1 Listen to the following announcement describing the city of San Carlos. Based on what you hear, determine which of the cities shown below is San Carlos.

a   b

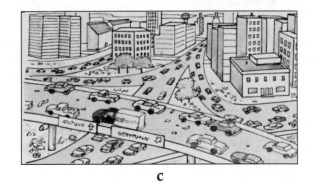

c

3-2 Conversational fillers are a part of everyday conversation. Claudia has just arrived in town and is asking about different tourist sites. As she talks with various people, listen for the conversational fillers they use and circle them on your answer sheet. There may be more than one answer for each conversation.

1. Bueno, Este...   La verdad es que...   A ver,   Pues,   Eh...

2. Bueno, Este...   La verdad es que...   A ver,   Pues,   Eh...

3. Bueno, Este...   La verdad es que...   A ver,   Pues,   Eh...

4. Bueno, Este...   La verdad es que...   A ver,   Pues,   Eh...

Spanish 3 ¡Ven conmigo!, Chapter 3   Listening Activities **23**

Additional Listening Activities

3-3 Andrés is interviewing a few of his friends to find out what kinds of technologies they've bought or used. As you listen to his interview with Julia, indicate whether Julia has **(sí)** or hasn't **(no)** used each of the technologies mentioned.

	sí	no
teléfono celular		
horno de microondas		
contestador automático		
videocasetera		

■ SEGUNDO PASO

3-4 It's election year and there are several candidates running for city council in various communities. Listen to the following excerpts from various campaign speeches. Based on the promises they each make, match their speech to the city they're most likely running for office in.

1. Candidato #1 _____

2. Candidato #2 _____

3. Candidata #3 _____

(a)

(b)

(c)

Additional Listening Activities

3-5 Listen to a group of city planners talk about what they will do to make life more pleasant in the city. Then write next to each picture the initial of the person who proposes that idea. Write **D** for Dorado, **V** for Vallejo or **M** for Mondragón. Write **X** if nobody proposes the idea.

1. _____

2. _____

3. _____

4. _____

5. _____

6. _____

7. _____

3-6 Two civil engineers are meeting with the press to suggest a plan for cleaning up and improving their city. As you listen to their suggestions indicate whether it is Montoya or Castillo who suggests each item by putting a check mark in the appropriate space.

Proposición	Montoya	Castillo
1. sembrar árboles	_____	_____
2. ampliar las carreteras	_____	_____
3. crear espacios verdes	_____	_____
4. extender el metro	_____	_____
5. desarrollar plan de reciclaje	_____	_____
6. hacer limpieza del río	_____	_____

Additional Listening Activities

SONG

Esta canción colombiana es un buen ejemplo del **bambuco,** un ritmo dulce y melancólico que se toca en las serenatas. El **bambuco,** originario y tradicional de las cordilleras del centro de Colombia, se toca y se canta ahora a nivel internacional.

Por un beso de tu boca

Por un beso de tu boca ¿qué sé yo lo que daría?
Quizás en mi fiebre loca al besarte me moría.
Dios sabe que moriría por un beso de tus labios.
No sé que me pasaría por un beso de tu boca.

Por un beso de tu boca, yo no sé lo que daría.
Tal vez en mi fiebre loca al besarte moriría.
No sé qué me pasaría por un beso de tu boca.
No sé qué me pasaría por un beso de tu boca.

En tu boquita de grana, hallarán los colibríes
El néctar dulce que brota de un manojo de alelíes,
Porque hay miel cuando sonría tu dulce boca de grana,
Porque hay miel cuando sonría tu dulce boca de grana.

Pero hay quien asegura, que esa miel es engañosa,
Que en ella hay tanta amargura, como espinas en la rosa.
¿Será cierto niña hermosa lo que alguno me asegura?
Que en ella hay tanta amargura como espinas en la rosa.

Por un beso de tu boca, cualquier cosa dejaría.
Ya que tanto me provoca, morir no me importaría.
¡Oh! Qué alegre moriría por un beso de tu boca.
¡Oh! Qué alegre moriría por un beso de tu boca.

This song is recorded on *Audio CD 3*. Although it is presented in this chapter, it can be used at any time.

Student Response Forms

6   ¡Qué sabroso!

Escucha las oraciones e indica si cada una es un **cumplido** *(compliment)*, una **queja** o un **comentario neutro**.

	cumplido	queja	comentario neutro
1.			
2.			
3.			
4.			
5.			

11   ¡Qué desastre!

Vas a escuchar cinco frases. Después de escuchar cada frase, decide a qué dibujo corresponde. Ojo: una frase no corresponde a nungún dibujo.

Pablo

Beatriz

Diana

Felipe

1. _____   2. _____   3. _____   4. _____   5. _____

▣ **Student Response Forms**

16 ¿Quién lo diría?

Escucha cada frase e indica quién la diría, **¿Gisela, Yamilé, Guillermo** o **la mamá de Guillermo?**

	Gisela	Yamilé	Guillermo	la mamá de Guillermo
1.				
2.				
3.				
4.				
5.				

18 ¿Qué se le ofrece?

Indica si el hombre en cada conversación que escuchas es **el cliente, el dependiente,** o **un transeúnte** (passerby).

	Cliente	Dependiente	Transeúnte
1.			
2.			
3.			
4.			
5.			

22 ¿Qué recomiendas?

Escucha las preguntas e indica cuál de las recomendaciones es correcta.

_____ 1. a. Cómpramelo en la Panadería Adriana.
　　　　　 b. Cómpraselo en la Panadería Adriana.

_____ 2. a. No, no me la traigas.
　　　　　 b. No, no me los traigas.

_____ 3. a. Voy a comprártela en la Pescadería Neptuno.
　　　　　 b. Voy a comprártelos en la Pescadería Neptuno.

_____ 4. a. Cómo no, te la traigo enseguida.
　　　　　 b. Cómo no, te las traigo enseguida.

Spanish 3 ¡Ven conmigo!, Chapter 4

Student Response Forms

Repaso Activity 1

Escucha cada anuncio e indica cuál o cuáles de ellos corresponde(n) al dibujo. Si el anuncio no corresponde, explica por qué.

	Sí corresponde	No corresponde	¿Por qué?
1.			
2.			
3.			
4.			

Additional Listening Activities

■ PRIMER PASO

4-1 Federico and Roberto are two Venezuelan students who share an apartment near the university in Caracas. Tonight it was Roberto's turn to make dinner, but nothing turned out right. For each item they discuss at the dinner table, choose the statement below that best describes the cause of the problem.

A

_____ 1. la chuleta

_____ 2. la ensalada

_____ 3. las papas

_____ 4. las caraotas

B

a. Se me olvidó comprar limón hoy.
b. Se me olvidó comprar ajo.
c. No sabía cuánto aceite usar.
d. No usé sal porque es mala para la salud.
e. Es que se me cayó la bolsa y se rompió.

4-2 María and Luis are talking about last night's party. Based on their conversation, answer the questions below.

1. Luis's party was _____.
   a. a big success
   b. a flop because no one liked the music
   c. a flop because hardly anyone came

2. Most people did not attend the party because _____.
   a. of various unexpected events
   b. they weren't interested
   c. they forgot

3. Lidia didn't eat any paella because _____.
   a. she wasn't at the party
   b. they ran out too soon
   c. she can't eat shellfish

4. Luis will probably _____.
   a. throw the rest of the shellfish out
   b. serve the leftovers at a club meeting
   c. make more paella next time

5. Which of the following was *not* an excuse given by the guests who didn't show up?
   a. running out of gas
   b. not knowing the right address
   c. losing a wallet

Additional Listening Activities

4-3 Patricia and Memo are at a buffet. Listen and decide if their reactions are based on the way the food is prepared or on arbitrary personal likes and dislikes.

DISHES	WAY PREPARED	PERSONAL LIKES OR DISLIKES
ensalada de aguacate		
bacalao con ajo		
chuletas de cerdo		
bistec a la parrilla		
quesillo		
torta de chocolate		

■ SEGUNDO PASO

4-4 Juanita and Gilda are getting ready for a big event. Based on their conversation, answer the questions below.

1. Juanita is asking Gilda _____.
   a. to come to her party
   b. to take her to pick up her car
   c. to help with the preparations

2. Which of the following places will Gilda probably <u>not</u> go?
   a. the pastry shop
   b. a fruit market
   c. the butcher's shop

3. Gilda asks for _____.
   a. some money to buy things
   b. Juanita's credit card
   c. permission to use the car

4. One thing Juanita will have to do herself is _____.
   a. make a shopping list
   b. pick up her car at the mechanic's
   c. buy the ice cream at the last minute

Additional Listening Activities

4-5 Pedro's mom is asking him for help with various things. Based on what they say, match each chore with Pedro's excuse for not doing it. Is there one thing Pedro is likely to change his mind and do? What is it?

_____ 1. mandado por abuelita

_____ 2. ir a la panadería

_____ 3. preparar la cena

_____ 4. lavar los platos

_____ 5. ir a la pastelería

a. hacer la tarea
b. comer cereal
c. jugar videojuegos
d. ver televisión
e. jugar al fútbol con amigos

Pedro will probably change his mind and _____.

4-6 Listen to some sound bites from your local Spanish-speaking radio station and answer the questions below.

1. These sound bites probably represent a series of _____.
   a. scenes from a soap opera
   b. news items
   c. commercials

2. You might pay attention to these items if you needed _____.
   a. some help with a personal problem
   b. to know about current events
   c. to do some shopping

3. Each radio segment starts with someone _____.
   a. talking about unintentional events
   b. asking for help
   c. talking about how food tastes

Additional Listening Activities

COPYING MASTERS

SONG

This song comes from the time of the Mexican Revolution of 1910, when Mexicans were fighting for a better future for themselves and for their children. Adelita, the woman in the song, is representative of all Mexican women who traveled with the armies and fought shoulder-to-shoulder with their men.

La Adelita

En lo alto de la fría serranía,
Acampando se encontraba el regimiento,
Y una moza que valiente lo seguía,
Locamente enamorada de un sargento.

Popular entre la tropa era Adelita,
La mujer que el sargento adoraba,
Porque a más de ser valiente era bonita
Y hasta el mismo coronel la respetaba.

Y se oía que decía aquel que tanto la quería:
"Y si Adelita se fuera con otro,
La seguiría por tierra y por mar;
Si por mar en un buque de guerra,
Si por tierra en un tren militar."
2.
Y si Adelita quisiera ser mi esposa,
Y si Adelita fuera mi mujer.
Le compraría un vestido de seda,
Para llevarla a bailar al cuartel.
3.
Y si acaso yo muero en campaña,
Y mi cadáver lo van a sepultar,
Adelita, por Dios te lo ruego,
Que con tus ojos me vayas a llorar.

This song is recorded on *Audio CD 4*. Although it is presented in this chapter, it can be used at any time.

Spanish 3 ¡Ven conmigo!, Chapter 4

Student Response Forms

6   ¿De veras?

Unos amigos están expresando sus opiniones sobre varias cosas. Escucha cada conversación e indica si no están de acuerdo **para nada** o si están de acuerdo **totalmente** o **más o menos.**

	para nada	totalmente	más o menos
1.			
2.			
3.			
4.			
5.			
6.			
7.			

10   ¿Quién lo dice?

Escucha estos comentarios e indica si lo dice **una persona específica** o **la gente.**

	una persona específica	la gente		una persona específica	la gente
1.			5.		
2.			6.		
3.			7.		
4.					

19 La historia que nunca termina

El **Vocabulario** en la página 140 de tu libro de texto representa un cuento tradicional para niños. Mira los dibujos mientras escuchas el cuento. Después combina los personajes con la mejor descripción de cada uno, según el cuento.

_____ 1. las tropas de Esteban   **a.** celebró una boda

_____ 2. Esteban   **b.** se regocijaron por su victoria

_____ 3. Leopoldo   **c.** se declararon la guerra

_____ 4. los dos ejércitos   **d.** traicionó a su amigo

_____ 5. el pueblo   **e.** lloró cuando supo *(found out)* que lo traicionaron

Student Response Forms

22 Cambio de planes

Gregorio le llama a Patricia por teléfono para decirle que tendrán que cambiar de planes. La primera vez que los escuchas, apunta cuántas veces cada uno de ellos expresa una esperanza. La segunda vez, apunta las expresiones de esperanza que usan.

1. ¿Cuántas veces usa Gregorio una expresión de esperanza? _____

2. ¿Cuántas veces usa Patricia una expresión de esperanza? _____

3. ¿Qué expresiones de esperanza usa Gregorio?

   _____

4. ¿Qué expresiones de esperanza usa Patricia?

   _____

Student Response Forms

26 Los quehaceres

Escucha el mensaje que dejó la mamá de Diego y Ofelia en el contestador. La primera vez que escuchas el mensaje, haz una lista de las siete cosas que ella quiere que hagan. Luego escucha otra vez y mira el dibujo para ver si hicieron lo que ella pidió.

MODELO   sacar la basura

	Quehacer	sí	no
1.			
2.			
3.			
4.			
5.			
6.			
7.			

Student Response Forms

Repaso Activity 1

Escucha las siguientes conversaciones entre Marcela y Antonio e indica a qué foto corresponde cada conversación. Luego escucha otra vez e indica qué espera Marcela o Antonio. Hay una conversación que no corresponde a ninguna foto.

a.

b.

c.

d.

1. _____

2. _____

3. _____

4. _____

5. _____

Spanish 3 ¡Ven conmigo!, Chapter 5

Additional Listening Activities

■ PRIMER PASO

5-1 Alicia and Enrique are having one of their typical conversations. Based on what you hear, place a check mark next to the person who is most likely to agree with each statement.

Idea	Alicia	Enrique
Los libros de historia son muy importantes para conocer nuestra historia.		
Las leyendas son muy importantes para explicarnos la historia.		
Las leyendas mienten.		
No va a llover.		

5-2 You will hear a conversation between Mariana and Elisa, who are chatting from time to time while they do their homework. For each topic they discuss, indicate on your answer sheet if Elisa is expressing total agreement, qualified agreement, or total disagreement.

	Total agreement	Qualified agreement	Total Disagreement
1.			
2.			
3.			
4.			
5.			
6.			

Additional Listening Activities

5-3 Indiscreta Islas is the host of a radio program about show business. Listen to what Indiscreta reports about different stars and indicate if her information is a fact based on something that a specific person said or a speculation based on vague reports by unnamed sources.

	Fact	Speculation
1.		
2.		
3.		
4.		
5.		
6.		
7.		

■ SEGUNDO PASO

5-4 Ricki and Elena are having a conversation. Based on what you hear, indicate which person would say each sentence.

	Ricki	Elena
Espero que la guerra termine pronto.		
Ojalá que tengas comida.		
Espero que los héroes ganen la lucha.		
El sueño de mi vida es vivir en un supermercado.		
Tenía muchas esperanzas de divertirme, pero no tienes comida.		
Ojalá que vayamos pronto a la Hamburguesa Infinita.		
Espero que no me digas que tienes hambre otra vez.		

Spanish 3 ¡Ven conmigo!, Chapter 5

Additional Listening Activities

5-5 A documentary film class at a high school did a series of interviews in which students talked about one of their major ambitions. Listen to these students and fill in the chart with the appropriate information.

Nombre	Ambición
Jorge	
Julia	
Pedro	
Raquel	
Oscar	

5-6 Pablo and Tanya are whiling away the time during a long bus trip with the band. Based on what they say, complete the statements below.

1. Pablo dice que el sueño de su vida es _____

   _____.

2. Cuando era niño, Pablo esperaba _____

   _____.

3. Pablo tiene muchas esperanzas de _____

   _____.

Nombre _____ Clase _____ Fecha _____

Additional Listening Activities

SONG

This old, mournful, romantic song from Mexico is well-known throughout the Spanish-speaking world. **La llorona** *(the weeping woman)* is meant to represent the eternal female. The song has many stanzas, and wherever it is sung, there is always someone who knows a stanza or two that nobody else has heard before. These lyrics are among the best-known.

La llorona

Todos me dicen el negro, llorona
Negro pero cariñoso. *(Repite)*
Yo soy como el chile verde, llorona
Picante pero sabroso. *(Repite)*
Ay, de mí, llorona, llorona
Llorona, por qué llorar. *(Repite)*
Hay muertos que no hacen ruido, llorona,
Y es más grande su penar. *(Repite)*
Ay de mí, llorona, llorona,
Llorona de azul celeste. *(Repite)*
Y aunque la vida me cueste, llorona,
No dejaré de quererte. *(Repite)*
Bajabas del templo un día, llorona,
Cuando al pasar yo te vi. *(Repite)*
Hermoso huipil llevabas, llorona,
Que la Virgen te creí. *(Repite)*

This song is recorded on *Audio CD 5*. Although it is presented in this chapter, it can be used at any time.

Student Response Forms

6 De todo un poco

Pilar y Jorge están hablando de los artistas Joan Miró, Salvador Dalí y Remedios Varo. Escucha la conversación e indica cuántas veces cambian de tema.

Pilar y Jorge cambian de tema _____ veces.

8 Bellas artes

Escucha varias conversaciones breves e indica si las personas están hablando de **música**, **danza**, **literatura**, **escultura** o **pintura**.

	música	danza	literatura	escultura	pintura
1.					
2.					
3.					
4.					

10 Así lo veo yo

Ana está hablando con su amiga Tere. Indica si Ana habla de lo que **ella misma** debe hacer o lo que es necesario que haga **Tere.**

	ella misma	Tere
1.		
2.		
3.		
4.		

	ella misma	Tere
5.		
6.		
7.		
8.		

12 Comentarios positivos y negativos

Vas a escuchar unos comentarios. Indica si cada comentario expresa una opinión **positiva**, **negativa** o **de indiferencia**.

	positiva	negativa	de indiferencia
1.			
2.			
3.			

	positiva	negativa	de indiferencia
4.			.
5.			
6.			

Student Response Forms

18 Se parecen

Vuelve a revisar los hábitos y las opiniones de Luis Miguel. Luego escucha dos entrevistas más e indica cuál de los entrevistados se parece más a Luis Miguel—**Carlo Antonio** o **Claudia**.

_____ se parece más a Luis Miguel.

21 Planes para un viaje

Escucha mientras Anya y Lenora hacen planes para un viaje a Guadalajara. Luego escoge la recomendación o sugerencia que mejor corresponda a cada situación que ellas presentan.

1. _____   **a.** Sería buena idea reservar las entradas por teléfono antes de salir.

2. _____   **b.** Les aconsejo que dejen las compras hasta la próxima semana.

3. _____   **c.** No les conviene llevar tantas cosas.

4. _____   **d.** Sugerimos que se reúnan en la Plaza de Armas.

5. _____   **e.** No se olviden de traer los papeles.

25 Invitaciones y excusas

Escucha las conversaciones entre Humberto y sus amigos e indica si los siguientes amigos aceptan sus invitaciones o no. Si no aceptan, indica qué van a hacer.

	sí	no	lo que van a hacer
1. Sara			
2. Miguel			
3. Laura			
4. Ricardo			

Spanish 3 ¡Ven conmigo!, Chapter 6

Student Response Forms

Repaso Activity 1

Escucha dos versiones de una tarde en la vida de Ricardo. Indica cuál de las versiones corresponde a la tarde representada por los dibujos.

La versión representada por los dibujos es la _____ .

a. primera   **b.** segunda

Additional Listening Activities

■ PRIMER PASO

6-1 Margo and Susana are artistically oriented students at their school and they're having a conversation about different art topics. Listen to their conversation and indicate below who introduced each topic of conversation. How many times did they change the subject?

Tema	Margo	Susana
Orozco		
Grupo de danza clásica		
Grupo de música clásica		
Exhibición de esculturas		
Estudiante que ganó el premio		

Margo y Susana cambiaron de tema _____ veces.

6-2 Fernando and Ángel are professional radio commentators who cover the world of art and entertainment. Based on their comments, indicate if their opinions about various artists are negative, neutral, or positive.

	Opinión negativa	Opinión neutral	Opinión positiva
Concierto de Alejandro Landa			
La Tempestad de Shakespeare			
Cuadros de Gabriel Macotela			
Película de Emilio Truebo			

Additional Listening Activities

6-3 Lola and her grandmother are having a conversation about Lola's desire to become an artist. Listen to their conversation and answer the questions below.

_____ 1. La abuela de Lola dice que para ser pintora, es importante que Lola _____.
   a. estudie computación
   b. estudie las artes visuales
   c. sea arquitecta

_____ 2. La abuela cree que es necesario que Lola _____.
   a. comprenda bien las computadoras
   b. sea escultora
   c. sepa cómo preparar y combinar los colores

_____ 3. Según la abuela, hace falta que Lola _____.
   a. tome clases con Remedios Varo
   b. aprenda a pintar sin computadora
   c. use sólo las técnicas más modernas

■ SEGUNDO PASO

6-4 Antonio is on a business trip in Guadalajara, but today he wants to go to the theater and have a nice dinner. Listen as he calls the phone entertainment service Telocio and indicate below if the following recommendations are true or false.

_____ 1. Le recomendamos que vaya a la nueva obra de teatro de Carlos Manzano.

_____ 2. Le aconsejamos llegar dos horas antes de la función.

_____ 3. Es mejor que vaya a la función en su carro.

_____ 4. Si quiere cenar algo, sería buena idea considerar la Fonda de San Juan.

_____ 5. Le conviene traer su cámara.

Additional Listening Activities

6-5 Karla is with a group of her friends at school and is inviting them to go to an exhibit. Listen to their conversation and indicate below who turned down her invitation and who will go with her.

Nombre	aceptó la invitación	no aceptó la invitación
Vicente		
Victoria		
Virginia		
Víctor		

6-6 Ana and Paco are planning their weekend activities together. For each place listed below, indicate who suggested going there. Then indicate which places Ana didn't want to go to.

	Paco	Ana
ir al teatro		
ir al concierto de rock		
ir al cine		
ir al ballet folklórico		
ir a bailar		

Ana no quería ir _____

_____

Additional Listening Activities

COPYING MASTERS

SONG

Mexicans typically take great pride in the region, state or city that they're from, and they like to sing its praises. There are songs that celebrate the beauty and charm of nearly every region in Mexico. This song is about the state of Jalisco, whose capital city is Guadalajara. In it the singer expresses his love for Guadalajara and for mariachi music, which has its deepest roots in Jalisco.

Jalisco
¡Ay! Jalisco, Jalisco, Jalisco,
tú tienes tu novia que es Guadalajara.
Muchacha bonita la perla más rara,
de todo Jalisco es mi Guadalajara.

Y me gusta escuchar los mariachis,
cantar con el alma sus lindas canciones.
Y oír cómo suenan esos guitarrones,
y echarme una tequila con los valentones.

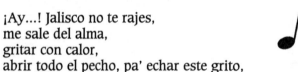

¡Ay...! Jalisco no te rajes,
me sale del alma,
gritar con calor,
abrir todo el pecho, pa' echar este grito,
¡qué lindo es Jalisco!, palabra de honor. *(Repite)*

This song is recorded on *Audio CD 6*. Although it is presented in this chapter, it can be used at any time.

Student Response Forms

6 ¡Qué alegría!

Escucha los siguientes diálogos e indica qué foto corresponde a cada diálogo. Hay un diálogo que no corresponde a ninguna foto.

a.

b.

c.

d.

1. _____   2. _____   3. _____   4. _____   5. _____

11 Escucha bien

Escucha las frases e indica si cada frase que oyes es **lógica** o **ilógica**.

	LÓGICA	ILÓGICA
1.		
2.		
3.		
4.		
5.		

Student Response Forms

13 La emoción y la esperanza

For each statement you hear, indicate whether the speaker is:

a. expressing emotion about a current situation
b. expressing emotion about something that has already happened
c. hoping that something will happen
d. hoping that something has already happened

1. _____   2. _____   3. _____

4. _____   5. _____   6. _____

18 Lo que debes hacer es…

Marta le da consejos a su amigo Rafael, que tiene un conflicto personal con otro amigo. Escucha cada consejo e indica si es bueno o no según la información de **¡Adelante!**

	Sí	No
1.		
2.		
3.		
4.		
5.		

23 ¿Cómo contestas?

Escucha cada diálogo e indica si oyes una disculpa o una expresión de consuelo.

	Disculpa	Expresión de consuelo
1.		
2.		
3.		
4.		
5.		

Student Response Forms

28 Busco...

Escucha lo que dice cada persona. Si habla de alguien que existe con certeza *(certainty)*, escribe **sí**. Escribe **no** si habla de alguien que no existe o si no se sabe si existe o no.

1. _____   2. _____   3. _____   4. _____   5. _____

Repaso Activity 1

Escucha lo que dice cada persona y responde con una expresión apropiada de felicidad, desilusión, consuelo o disculpa.

1. _____
2. _____
3. _____
4. _____
5. _____

Additional Listening Activities

■ PRIMER PASO

7-1 Listen as Delia records her voice-journal entries and then answer the following questions.

1. What important news did Delia receive yesterday?
   a. She was rejected by the university.
   b. She failed her engineering test.
   c. She was accepted by the university.

2. How does Delia's friend Ana feel about Delia's news?
   a. happy
   b. upset
   c. proud

3. How do Delia's parents feel about her?
   a. disappointed
   b. proud
   c. unhappy

4. Why is Delia disappointed?
   a. Because her cousin Mariana can't come to her graduation.
   b. Because her cousin Mariana hasn't been able to call.
   c. Because her aunt Alicia can't come to her graduation.

7-2 Carolina and Amalia are having a phone conversation about their friends at school. Listen to their conversation and check if each person they talk about feels happy or unhappy.

Feliz	Nombre	Triste
	Jorge	
	Javier	
	Maribel	
	Francisco	

Additional Listening Activities

7-3 Listen to the following brief conversations. For each one, decide if the person answering is being sympathetic or not. If the person is not being sympathetic, indicate which response below would be more comforting.

	Sympathetic	Unsympathetic	Better response
1.			
2.			
3.			
4.			
5.			

a. Mi más sentido pésame. ¿Cuándo murió tu amiga?
b. No te preocupes. La próxima vez tu equipo va a ganar.
c. Lo siento mucho. ¿Has discutido el problema con ella?

■ SEGUNDO PASO

7-4 Doctora Sara is a counselor who gives advice to couples who are having problems with their relationships. Listen to the following session between her and a young couple. Based on what you hear, answer the questions below.

1. Mariana believes _____.
   a. Roberto has never been unfaithful to her
   b. Roberto was being unfaithful to her
   c. Roberto is angry with her

2. Mariana doubts Roberto's truthfulness because _____.
   a. he always insults her
   b. he won't keep her secrets
   c. he always stops talking and hangs up the phone when she walks in

3. The truth of the matter is that _____.
   a. Roberto was planning a surprise party for Mariana
   b. Roberto was planning a surprise party for his sister
   c. Roberto wants to break up with Mariana

Additional Listening Activities

7-5 Claudia is criticizing everyone in her family for things they have or haven't done. Listen to her conversations with some of her family members and indicate below if each person is graciously accepting the blame or trying to blame someone else.

	admite el error	le echa la culpa a otro
1. Julio		
2. Anita		
3. Toño		
4. Juan		
5. Juana		

7-6 Listen to the following conversations and check whether the second person is comforting someone, making an apology, or neither.

	Comforting	Apologizing	Neither
1.			
2.			
3.			
4.			
5.			
6.			

Additional Listening Activities

POEM

Rubén Darío (1867–1916) was born in Nicaragua, but during his lifetime he lived in many Spanish-speaking countries. In every one of these countries, his writing signaled the beginning of a spiritual and intellectual revolution. His poetry is cosmopolitan, incorporating elements from different cultures. Especially evident in his poetry is the influence of French language and culture. This poem exemplifies Darío's love of profoundly human themes. In it, he describes the sense of loss that comes with advancing age as he reminisces about past loves. The verses that follow have been excerpted from *Cantos de vida y esperanza*, first published in 1905.

Canción de otoño en primavera

Juventud, divino tesoro,
¡ya te vas para no volver!
Cuando quiero llorar no lloro. . .
y a veces lloro sin querer. . .

Plural ha sido la celeste
historia de mi corazón.
Era una dulce niña, en este
mundo de duelo y aflicción.

Miraba como el alba pura;
sonreía como una flor.
Era su cabellera obscura
hecha de noche y de dolor.

Yo era tímido como un niño.
Ella, naturalmente, fue,
para mi amor hecho de armiño,
Herodías y Salomé. . .

Juventud, divino tesoro,
¡ya te vas para no volver!. . .
Cuando quiero llorar, no lloro,
y a veces lloro sin querer. . .

This poem is recorded on *Audio CD 7*. Although it is presented in this chapter, it can be used at any time.

6 ¿Juana o Clarice?

Juana piensa que hay demasiada violencia en la televisión. Clarice cree que el problema de la violencia es exagerado. Escucha cada frase e indica si la dijo Juana o Clarice.

	Juana	Clarice
1.		
2.		
3.		
4.		
5.		

11 En la tele

Vas a escuchar cinco oraciones. Indica qué palabra del **Vocabulario** va mejor con cada frase que escuchas.

VOCABULARIO

anunciar   *to announce*
el anuncio   *commercial*
la cadena   *(broadcast)*
   network
el canal   *channel*
el (la) comentarista
   commentator
el documental
   documentary
la emisora   *radio station*

en línea   *online*
el (la) locutor(a)   *announcer,*
   anchorperson
el noticiero   *news program*
por cable   *on cable*
la prensa   *press*
el programa   *program*
el reportaje   *report*
el (la) reportero(a)   *reporter*
el sitio Web   *Web site*

1. _____

2. _____

3. _____

4. _____

5. _____

Student Response Forms

23 Una revista internacional

Indica qué frase expresa lo contrario de cada frase que escuchas.

a. Es probable que haya artículos en otras lenguas.
b. Puede ser que usemos fotografías a colores.
c. Es difícil que vendamos muchos periódicos este año.
d. Es dudoso que tengamos corresponsales *(correspondents)* en otros países.

1. _____   2. _____   3. _____   4. _____

26 Fama y fortuna

Escucha las siguientes noticias de una emisora argentina e indica a qué personaje famoso se refiere cada noticia.

Gabriel Batistuta   **Celia Cruz**   **el rey Juan Carlos**   **Daisy Fuentes**

1. _____

2. _____

3. _____

4. _____

Spanish 3 ¡Ven conmigo!, Chapter 8

Student Response Forms

Repaso Activity 4

¿Qué parte del periódico estás escuchando? Para cada selección que oyes, indica de qué sección del periódico viene.

- **a.** la sección de ocio
- **b.** los editoriales
- **c.** la sección financiera
- **d.** la sección de moda
- **e.** la primera plana
- **f.** los obituarios

1. _____

2. _____

3. _____

4. _____

5. _____

6. _____

■ PRIMER PASO

8-1 Listen as Antonio and Marta talk about what's in today's paper. Based on what you hear, answer the questions.

_____ 1. Antonio and Marta are talking about _____
    a. movies they like.
    b. interactive movies.
    c. planning to see a movie together.

_____ 2. Who do you think likes technology more?
    a. Antonio
    b. Marta
    c. Both

_____ 3. Which of the following activities do you think Antonio would like to do the most?
    a. read literature
    b. go to the history museum
    c. play videogames

_____ 4. Imagine you want to talk to Marta about interactive television. How would she react?
    a. positively
    b. with enthusiasm
    c. with disbelief

8-2 Nidia and Pilar are asking Paco questions about the latest news because they know he pays very close attention to current events. Listen to their conversations and for each item listed, indicate what Paco's source for that bit of news was.

	TV	radio	guía de televisión	la prensa	uncertain
1. el accidente					
2. la nueva teleserie					
3. Mariana Mariana					
4. el robo					

Additional Listening Activities

8-3 People sometimes think that a party is a great place to get professional advice for free. Listen to some brief conversations at this party for TV personalities and indicate if the expert questioned expresses doubt, certainty, or claims to be ignorant of the facts.

	Doubt	Ignorance	Certainty
1.			
2.			
3.			
4.			
5.			

■ SEGUNDO PASO

8-4 The editor of a television entertainment news program is having a conversation with his assistant editor about the stories that may be broadcasted tonight. Listen to their conversation and complete the chart to show which stories are likely to appear on today's program.

Imposible		Posible
	Mariana Mariana	
	Buitre Rivalta	
	Museo de culturas populares	
	Restaurante árabe	
	Rosa de Valencia	

8-5 Listen as Celia and Gabriela talk about what they read in today's paper. Based on what you hear, answer the questions.

_____ 1. What section of the newspaper do you think they're reading?
   a. the sports section
   b. the fashion section
   c. the section on technology

_____ 2. How does Gabriela react to the news?
   a. She's enthusiastic
   b. She's indifferent.
   c. She's surprised.

_____ 3. How does Celia know what Gabriela is thinking?
   a. She's learned to read minds.
   b. She didn't. She just guessed.
   c. It's unclear.

8-6 Norma and Ofelia are reading the newspaper during a break at school. Listen and check in the chart if for each section in the newspaper they express possibility or surprise. Keep in mind that the sections listed in the chart are not in order.

Possibility		Surprise
	sección de ocio	
	sección de moda	
	anuncios clasificados	
	sección de sociedad	

Additional Listening Activities

POEM

José Fernández Madrid (1789–1830) fue un colombiano que vivió durante el tiempo de la independencia de su patria. Fue doctor en medicina y en derecho y es más conocido por su incoherente vida política que por sus versos. Sin embargo, este poeta representa al cantor colombiano de la independencia. Lo mejor de su producción literaria son sus composiciones festivas. *La hamaca* es un ejemplo de su estilo ligero.

La hamaca

No canto los primores
Que otros poetas cantan,
Ni cosas que eran viejas
En tiempo del rey Wamba:
Si el alba llora perlas,
Si la aurora es rosada,
Si murmura el arroyo,
Si el lago duerme y calla.
¡Salud, salud dos veces
Al que inventó la hamaca!

Al modo que en sus nidos,
Que cuelgan en sus ramas,
Las tiernas avecillas
Se mecen y balanzan;
Con movimiento blando,
En apacible calma,
Así yo voy y vengo
Sobre mi dulce hamaca;
¡Salud, salud dos veces
Al que inventó la hamaca!

Suspendida entre puertas
En medio de la sala,
¡Qué cama tan suave,
Tan fresca y regalada!
Cuando el sol con sus rayos
Ardientes nos abraza,
¿De qué sirven las plumas
Ni las mullidas camas?
¡Salud, salud dos veces
Al que inventó la hamaca!

¡Tan fresca y regalada!
Cuando el sol con sus rayos
Ardientes nos abraza,
¿De qué sirven las plumas
Ni las mullidas camas?
¡Salud, salud dos veces
Al que inventó la hamaca!

This poem is recorded on *Audio CD 8*. Although it is presented in this chapter, it can be used at any time.

Spanish 3 ¡Ven conmigo!, Chapter 8

9 Las reacciones

Decide si cada oración que escuchas trata de cómo **ya se sentía** la persona cuando pasó el evento o si habla de **una reacción** causada por el evento.

	ya se sentía	una reacción
1.		
2.		
3.		
4.		
5.		
6.		

12 Entrevista con Estelina

La actriz Estelina Estrella habla por la radio en una entrevista. Escucha la conversación y luego indica si las siguientes oraciones son **ciertas** o **falsas**. Si son falsas, corrígelas.

1. El estreno de su nueva película es el viernes. **(cierto / falso)**

   _____

2. Las películas románticas no son populares. **(cierto / falso)**

   _____

3. Canta en su próxima película. **(cierto / falso)**

   _____

4. Está enamorada de Enrique Rico. **(cierto / falso)**

   _____

5. Gana millones de dólares. **(cierto / falso)**

   _____

6. Tiene tres carros. **(cierto / falso)**

   _____

Student Response Forms

22 Impresiones de Nueva York

Un reportero está entrevistando a una pareja de la República Dominicana en el aeropuerto antes de que salgan para Nueva York. Escucha la entrevista y luego, para cada oración que sigue, indica si **lo saben** o si **lo suponen**.

	lo saben	lo suponen
1. Los estadounidenses son simpáticos.		
2. Nueva York es una ciudad muy grande.		
3. La vida en Nueva York es agitada.		
4. Todo es más caro en Nueva York.		
5. Los museos son buenísimos.		
6. El Parque Central es grande.		
7. El Parque Central es un buen lugar para niños.		

25 Los planes para la fiesta

Vas a escuchar a Adela y Reynaldo hablar de una fiesta. Para cada verbo que sigue, indica si alguien ya **lo hizo** o si **lo haría**.

	lo hizo	lo haría
1. limpiar la casa		
2. preparar comida		
3. comprar un regalo		
4. traer la música		
5. bailar		
6. comprar los refrescos		
7. ir al supermercado		
8. llegar a las ocho		
9. jugar al tenis		

Repaso Activity 1

Mira los dibujos. Luego escucha lo que dice cada persona e indica qué dibujo corresponde a cada persona. Hay una oración que no corresponde a ningún dibujo.

a.

b.

c.

d.

1. _____   2. _____   3. _____   4. _____   5. _____

■ PRIMER PASO

9-1 Tina and her friends are talking about how they react to attitudes expressed by their friends and families. Listen to what each girl says and decide whether she's reacting positively or negatively.

	reacción positiva	reacción negativa
1. Tina		
2. Mariana		
3. Giana		
4. Tina		
5. Mariana		
6. Giana		

9-2 Cristina is telling her friend Berta about her English test. Listen to their conversation and decide if each statement below is true or false. Correct the false statements.

1. Cristina estuvo contenta cuando recibió su nota en el examen de la clase de inglés.

   (cierto / falso)

   _____

2. Según Cristina, el profesor pensaba que el examen era fácil. **(cierto / falso)**

   _____

3. La mayoría de los estudiantes de la clase de inglés se rieron del examen. **(cierto / falso)**

   _____

4. Mario se alegró cuando vio la nota que sacó en el examen. **(cierto / falso)**

   _____

5. Cristina va a un partido de fútbol americano con unos amigos este fin de semana.

   (cierto / falso)

   _____

Additional Listening Activities

9-3 Sonia and Manuel are having an argument about Sonia's friend Beto. Listen to their conversation and check in the chart below if Manuel or Sonia express agreement, disagreement, or partial agreement about some of Beto's qualities.

	agreement	disagreement	partial agreement
chismoso			
perezoso			
bobo			
simpático			

■ SEGUNDO PASO

9-4 The famous Peruvian architect Tania Cruz is being interviewed on the radio about her upcoming art exhibit in Madrid, Spain. Listen to the interview and answer the questions below.

_____ 1. According to some stereotypes, Spanish architecture can sometimes seem _____.
    a. cold and lifeless
    b. spectacular
    c. marvelous

_____ 2. Tania's assumption is that Spanish architecture is _____.
    a. cold and lifeless
    b. old-fashioned
    c. marvelous

_____ 3. Tania _____ Spanish architecture is multicultural.
    a. assumes that
    b. knows for sure that
    c. doesn't know whether

_____ 4. Tania assumes that people in Madrid _____.
    a. aren't interested in architecture
    b. don't know much about architecture
    c. like architecture very much

_____ 5. Tania has the impression that her trip to Madrid will be _____.
    a. successful
    b. unsuccessful
    c. unpredictable

Additional Listening Activities

9-5 Silvia is today's participant on a TV dating game show. Listen as she asks Gabriel and Julio some hypothetical questions. Write the letter of Gabriel and Julio's answers in the spaces under their names.

Gabriel	Julio

a. vivir en París
b. ayudar a mi hermana a estudiar
c. vivir en Cartagena
d. comprar una casa
e. casarme contigo
f. ir de viaje a Europa

9-6 Isabel is a new student at a school that used to be an all-boys school. She's talking to Marcela, another student, about some assumptions she's made about the school. Listen to their conversation and answer the questions.

_____ 1. Isabel assumes that women in her new school are _____.
 a. treated fairly
 b. stereotyped
 c. discriminated against

_____ 2. Marcela thinks that some science professors are _____ toward women.
 a. rude
 b. prejudiced
 c. unfair

_____ 3. Marcela thinks that the school director's attitude toward women and minorities is _____.
 a. prejudiced
 b. respectful
 c. arrogant

_____ 4. Marcela's attitude towards the school is _____.
 a. indifferent
 b. hostile
 c. friendly

Additional Listening Activities

POEM

Lope de Vega (Félix Lope de Vega y Carpio, 1562–1635) was one of Spain's most prolific writers. He created works in virtually every literary genre, and especially distinguished himself in drama during the golden age of Spanish theater. As a poet, Lope de Vega is characterized by the simplicity of his language and the directness of his emotions. In *Romancero*, a collection of ballads, one can easily see his love of sincere and impassioned expression. These verses represent a fragment of one of his better-known **romances.**

Romance (fragmento)

A mis soledades voy,
De mis soledades vengo,
Porque para andar conmigo
Me bastan mis pensamientos.
¡No sé qué tiene la aldea
Donde vivo y donde muero,
Que con venir de mí mismo
No puedo venir más lejos!
Ni estoy bien ni mal conmigo,
Mas dice mi entendimiento
Que un hombre que todo es alma
Está cautivo en su cuerpo.
Entiendo lo que me basta,
Y solamente no entiendo
Cómo sufre a sí mismo
Un ignorante soberbio.
De cuantas cosas me cansan,
Fácilmente me defiendo;
Pero no puedo guardarme
De los peligros de un necio.

This poem is recorded on *Audio CD 9*. Although it is presented in this chapter, it can be used at any time.

Student Response Forms

6   Eso no es lógico

Escucha las siguientes conversaciones e indica si las respuestas son **lógicas** o **ilógicas**. Luego escucha otra vez y cambia las respuestas ilógicas para que sean lógicas.

	lógica	ilógica	corrección
1.			
2.			
3.			
4.			
5.			
6.			

11   Consejos para padres y jóvenes hispanos

Escucha los consejos que Adriana y José Luis dan a padres y jóvenes hispanos. Luego, indica quién diría cada frase: **Adriana**, **José Luis** o **los dos.**

	Adriana	José Luis	los dos
1. Es necesario asimilarnos sin olvidar quiénes somos.			
2. Los hispanos pueden aportar mucho a este país.			
3. Los padres hispanos deben hacer el esfuerzo de aprender el inglés.			
4. Es importante respetar el compromiso que tienes con tu familia.			
5. Es más fácil para los hijos encajar en la sociedad estadounidense.			

Nombre _____ Clase _____ Fecha _____

Student Response Forms

20 Por lo tanto...

Escucha las siguientes frases. Indica si cada frase expresa una relación entre causa y efecto o no.

	sí	no
1.		
2.		
3.		
4.		
5.		
6.		

26 ¿Quién es?

Mira los siguientes dibujos. Luego escucha cada descripción e indica a qué persona en los dibujos se refiere.

a.   b.   c.   d.

1. _____   2. _____   3. _____   4. _____

Spanish 3 ¡Ven conmigo!, Chapter 10

Student Response Forms

Repaso Activity 1

Escucha las siguientes oraciones e indica cuál corresponde a cada dibujo. Hay una oración que no corresponde a ningún dibujo.

a.

b.

c.

d.

1. _____   2. _____   3. _____   4. _____   5. _____

■ PRIMER PASO

10-1 Alberto and Diana are talking about their parents' accomplishments. Listen to their conversation and complete the statements below.

_____ 1. Diana's father is proud of being _____.
        a. a soccer player
        b. a doctor
        c. an engineer

_____ 2. Alberto's mother overcame which of the following obstacles?
        a. Her mother wanted her to be a lawyer.
        b. She had to work to pay her way through the university.
        c. Her father wanted her to be an engineer.

_____ 3. Alberto's mother is proud of being _____.
        a. successful in such a difficult profession
        b. Alberto's mom
        c. a person who planned ahead for her career

10-2 Adela and Carlos are talking about their future plans. Listen to their conversation and place a checkmark under the column of the plan that matches what they say.

Adela	hacer un viaje a China	ir de vacaciones a Europa	ser ingeniera	ir a la universidad
Antes de que empiecen las clases				
Cuando sea mayor				
Cuando cumpla 18 años				
Después de la graduación				

Carlos	conseguir un trabajo	estudiar canto	ser cantante de ópera	ir a visitar a los abuelos
Antes de que empiecen las clases				
Cuando sea mayor				
Cuando cumpla 18 años				
Después de la graduación				

Additional Listening Activities

10-3 Daniel Castro is being interviewed on the radio about his accomplishments. Listen to Daniel's comments and complete the statements below.

_____ 1. Daniel's most pressing obstacle when he was younger was _____.
  a. crime
  b. lack of knowledge of English
  c. poverty

_____ 2. Daniel's way of assimilating while preserving his roots was by mastering _____.
  a. French
  b. various languages
  c. English

_____ 3. Daniel got a prize for being the best _____.
  a. rock singer
  b. salsa singer
  c. merengue musician

■ SEGUNDO PASO

10-4 Guillermo is talking to Fernando, one of the school's soccer players. Listen as they try to explain the causes and effects of the team's success. Then, fill in the chart below with either the cause or the effect.

Cause	Effect
nuevo entrenador argentino	éxito del equipo
	comunicarse mejor con jugadores bilingües
las reglas de calificación han cambiado	
	buen ambiente en el equipo
	siempre hay compañeros para ayudar a resolver problemas
el entrenador no tolera malas notas	

Additional Listening Activities

10-5 Patricia is having a conversation with her friends about their future plans. Listen to their conversation and match each item below with the name of the person who plans to do it.

_____ 1. Ser astrónomo(a)   **a.** Patricia

_____ 2. Ser senador(a)   **b.** Elena

_____ 3. Ser diplomático(a)   **c.** Andrés

_____ 4. hacer camping   **d.** Enrique

_____ 5. Jugar al tenis

_____ 6. Ser abogado(a)

_____ 7. Tocar el piano

_____ 8. Hacer videos documentales

10-6 You will hear four radio ads. As you listen to each one, complete the statements below.

_____ 1. Flaco Rodríguez's success is due to _____.
　　　　a. a balanced diet
　　　　b. Chocoleche
　　　　c. both a and b

_____ 2. Linda Mariscal is bilingual, therefore she _____.
　　　　a. works harder
　　　　b. gets more job offers
　　　　c. travels around the world

_____ 3. Paco de Granada's credit card makes him feel _____.
　　　　a. happy
　　　　b. safe
　　　　c. like a painter

_____ 4. By consulting Dra. Sonia, Socorro Leñero was able to _____.
　　　　a. focus on her objectives and achieve her goals
　　　　b. become a business woman and get a job
　　　　c. dream again and sleep better

Additional Listening Activities

POEM

Pedro Calderón de la Barca (1600–1680), nació en Madrid. Es una de las figuras principales del Siglo de Oro en España, y su obra se caracteriza por la intensidad dramática con que trata temas filosóficos e intelectuales. Su drama *La vida es sueño* sigue siendo una de las obras españolas más famosas en todo el mundo aun tres siglos después de su publicación. En este soliloquio, el príncipe Segismundo encuentra que la realidad es tan extraña como los sueños que él soñaba durante sus largos años de prisión.

La vida es sueño

Es verdad, pues reprimamos
esta fiera condición,
esta furia, esta ambición,
por si alguna vez soñamos;
y sí haremos, pues estamos
en mundo tan singular,
que el vivir sólo es soñar;
y la experiencia me enseña
que el hombre que vive sueña
lo que es hasta dispertar.

Sueña el rey que es rey, y vive
con este engaño mandando;
disponiendo y gobernando;
y este aplauso, que recibe
prestado, en el viento escribe;
y en cenizas le convierte
la muerte (¡desdicha fuerte!):
¿qué hay quien intente reinar
viendo que ha dispertar
en el sueño de la muerte?

Sueña el rico en su riqueza,
que más cuidados le ofrece;
sueña el pobre que padece
su miseria y su pobreza;
sueña el que a medrar empieza,
sueña el que afana y pretende,
sueña el que agravia y ofende,
y en el mundo, en conclusión,
todos sueñan lo que son,
aunque ninguno lo entiende.

Yo sueño que estoy aquí
destas prisiones cargado,
y soñé que en otro estado
más lisonjero me vi.
¿Qué es la vida? Un frenesí,
¿Qué es la vida? Una ilusión,
una sombra, una ficción,
y el mayor bien es pequeño;
que toda la vida es sueño,
y los sueños, sueños son.

This poem is recorded on *Audio CD 10*. Although it is presented in this chapter, it can be used at any time.

Student Response Forms

2   Lo leí en el periódico

Escucha seis comentarios e indica a cuál de los siguientes artículos, cartas o anuncios se refiere cada uno. Hay uno que se usa más de una vez.

a. Carreteras hechas un desastre
b. La policía: en guerra contra la droga
c. ¿Se frenará la inflación?
d. Se necesitan tutores
e. Asociación Contra la Violencia

1. _____   2. _____   3. _____   4. _____   5. _____   6. _____

6   Buenas noticias

Escucha el siguiente noticiero de radio. Si oyes una buena noticia, indica que es **buena**. Si no, indica que es **mala**.

	buena	mala
1.		
2.		
3.		
4.		
5.		
6.		

Listening Activities **83**

Student Response Forms

11 Soluciones

Escucha las soluciones que propone un candidato para los problemas de su estado. Empareja *(match)* cada solución con el problema más apropiado de la lista.

1. _____

2. _____

3. _____

4. _____

5. _____

a. el desempleo

b. la corrupción en el gobierno

c. la criminalidad

d. los problemas de los colegios

e. la falta de turismo

f. el costo del tratamiento médico

21 ¡Qué bonito sería!

Escucha cada conversación e indica de quién hablan las personas. Hay una conversación que no corresponde a ningún dibujo.

a.

b.

c.

1. _____   2. _____   3. _____   4. _____

Repaso Activity 1

Escucha el siguiente debate entre dos candidatos. Juan Luis Benavides y Cecilia Reyes. Luego lee las siguientes frases y escribe **B** si representan opiniones de Benavides, **R** si representan opiniones de Reyes o **D** si son opiniones de los dos.

_____ 1. El problema de la criminalidad en nuestro país es de muchísima importancia.

_____ 2. Yo voy a enfocarme más en crear leyes más fuertes contra el crimen.

_____ 3. Yo propongo que usemos más dinero en los programas para informar a los jóvenes sobre las drogas.

_____ 4. La sensibilidad hacia los criminales es una pérdida de dinero y de tiempo.

_____ 5. El crimen en nuestro país es el resultado de una falta de programas que ofrezcan alternativas a la delincuencia.

■ PRIMER PASO

11-1 Listen as a radio reporter interviews the state governor about some of the state's major problems. Then, on the list below, circle the problems that the governor acknowledges as real ones.

desempleo	hambre	enfermedades
drogadicción	impuestos	vivienda
contaminación de ríos	delincuencia	criminalidad

11-2 Listen as two candidates for state governor talk about some of the more important problems in their state and what they will do to solve them. Based on what you hear, answer the questions below.

_____ 1. The anti-crime and drugs program proposed by the first candidate will _____.
  a. put more emphasis on preventing the problem instead of punishing
  b. reduce the size of government
  c. build more prisons

_____ 2. The employment program proposed by the second candidate will _____.
  a. promote sports among young people
  b. give a tax break to those who create more jobs
  c. build more prisons

_____ 3. Which candidate thinks crime and drugs are the most important problems in the state?
  a. Guillermo Blanco, Partido Unido
  b. Francisco García, Partido Azul
  c. Both

Additional Listening Activities

11-3 Some students in a high-school journalism class are surveying different people about juvenile crime. Listen as people talk about the cause of juvenile crime and propose some possible solutions. Then, fill in the chart with the missing information.

Nombre	Causa	Solución
1.	La televisión y el cine	prevenir programas y películas de criminales
2. Alberto		Aprobar leyes iguales para delincuentes jóvenes
3. Diego	Pobreza	
4. Josefina	Drogas	
5.	enfermedades sicológicas de los jóvenes	gran sensiblidad frente a los problemas y aspiraciones de los jóvenes

■ SEGUNDO PASO

11-4 Julia and Rafael are having a conversation. Based on what you hear, answer the questions below.

_____ 1. Julia and Rafael share an interest in _____
    a. reading books
    b. science and engineering
    c. spacecrafts

_____ 2. If Rafael were in charge of building a motorcycle, he would more likely be concerned with _____
    a. safety
    b. gas mileage
    c. style

_____ 3. If Julia were in charge of building a bus, she would more likely be concerned with
    a. cleanliness
    b. speed
    c. efficiency

_____ 4. Who seems more concerned about how technology will affect people?
    a. Rafael
    b. Julia
    c. both

Additional Listening Activities

11-5 Marta is asking Rebeca what countries in South America she would like to live in and what she would like to do there. As you listen, fill in the chart below with the missing information.

country	What She Would Do
	escalar los Andes
Ecuador	
	ir de vacaciones a Isla Margarita
Argentina	

11-6 Aldo and Enrique are daydreaming today. Based on their conversation, fill in the chart below with the missing information.

Aldo	Hypothetical Situation	Enrique
	$1.000.000	
	Cambiar el mundo	
	Ser otra persona	

Additional Listening Activities

POEM

Gustavo Adolfo Bécquer (1836–1870) es sin duda el poeta romántico más representativo de España del siglo diecinueve. También es conocido como uno de los iniciadores de la poesía contemporánea. Se nota en su poesía la intensidad de sentimiento y la simplicidad de lenguaje. En este poema que aparece en su antología *Rimas*, Bécquer describe un amor perfecto y eterno que consiste en la unión de dos almas.

> Sabe, si alguna vez tus labios rojos
> quema invisible atmósfera abrasada,
> que el alma que hablar puede con los ojos
> también puede besar con la mirada.
> Dos rojas lenguas de fuego
> que a un mismo tronco enlazadas,
> se aproximan, y al besarse
> forman una sola llama;
> dos notas que del laúd
> a un tiempo la mano arranca,
> y en el espacio se encuentran
> y armoniosas se abrazan;
> dos olas que vienen juntas
> a morirse sobre una playa,
> y que al romper se coronan
> con un penacho de plata;
> dos jirones de vapor
> que del lago se levantan,
> y al juntarse allí en el cielo
> forman una nube blanca;
> dos ideas que al par brotan,
> dos besos que a un tiempo estallan,
> dos ecos que se confunden . . . ,
> eso son nuestras dos almas.

This poem is recorded on *Audio CD 11*. Although it is presented in this chapter, it can be used at any time.

Spanish 3 ¡Ven conmigo!, Chapter 11

Student Response Forms

7 ¿Cuándo fue?

Escucha lo que dicen Paola, Douglas, Kerri y Renato. Luego indica si las siguientes frases son **ciertas** o **falsas**. Si son falsas, corrígelas.

1. Actualmente, a Kerri le encanta su trabajo de diseñadora. **(cierto / falso)**

   _____

2. Después de graduarse, Kerri trabajó de profesora. **(cierto / falso)**

   _____

3. Renato siempre ha trabajado de banquero. **(cierto / falso)**

   _____

4. De niña, Paola pensaba hacerse médica. **(cierto / falso)**

   _____

5. Ahora, Paola trabaja felizmente de abogada. **(cierto / falso)**

   _____

6. Su trabajo de vendedor de computadoras fue el primero para Douglas. **(cierto / falso)**

   _____

12 ¿Pasado o futuro?

Escucha lo que dice cada persona. Si habla de trabajos o planes que tenía en el pasado, escribe **P**. Si habla de sus planes para el futuro, escribe **F**. Si habla de ambas (both) cosas, escribe **A**.

1. _____   2. _____   3. _____   4. _____   5. _____

Student Response Forms

22 Buenos consejos

Escucha los siguientes consejos. Si te parece un buen consejo para una persona que va a entrevistarse, indica que es **lógico**. Si no es un buen consejo, indica que tu reacción es **¡Qué va!**

	lógico	¡Qué va!
1.		
2.		
3.		
4.		
5.		
6.		
7.		
8.		

25 Se busca...

Escucha las siguientes oraciones e indica si la persona habla de alguien **específico** o **no específico**.

	específico	no específico
1.		
2.		
3.		
4.		
5.		
6.		
7.		

Student Response Forms

Repaso Activity 1

Escucha mientras habla Josefina de los sueños que tenía de ser arqueóloga *(archaeologist)*. Luego lee las siguientes frases e indica si cada frase es **cierta, falsa** o si **no se sabe**. Si la frase es falsa, corrígela.

1. Josefina se graduó con un doctorado en computación. **(cierto / falso / no se sabe)**

   _____

2. De niña, Josefina fue a Egipto con su familia. **(cierto / falso / no se sabe)**

   _____

3. Oyó hablar de un programa de verano en Egipto. **(cierto / falso / no se sabe)**

   _____

4. A los veinte años fue a Argentina a ver unas ruinas. **(cierto / falso / no se sabe)**

   _____

5. Cuando era niña, le gustaban mucho las ruinas antiguas. **(cierto / falso / no se sabe)**

   _____

Additional Listening Activities

■ PRIMER PASO

12-1 Manolo is talking to his friend Benjamín about his childhood plans for the future. Listen and complete the chart below. Then answer the question about Manolo's personality type.

	quería ser	era	es	quiere ser
vendedor de periódicos				
mecánico				
vendedor de productos farmacéuticos				
médico				
periodista				
poeta				
policía				

_____ True or false? Manolo used to change his mind a lot, but now he has a clear idea of the kind of work he wants to do.

12-2 Silvia is talking about the past and future career plans of her five sisters. Indicate below what each of her sisters wanted to be in the past and what each wants to be in the future.

a. abogada
b. arquitecta
c. periodista
d. carpintera
e. enfermera

f. sicóloga
g. ingeniera
h. científica
i. comerciante
j. técnica de computadoras

1. Rosita quería ser _____. Quiere ser _____.

2. Socorro quería ser _____. Quiere ser _____.

3. Nora quería ser _____. Quiere ser _____.

4. Susana quería ser _____. Quiere ser _____.

5. Esperanza quería ser _____. Quiere ser _____.

Additional Listening Activities

12-3 Pilar Ceja, editor of the magazine *Mundo Científico,* is being interviewed on the radio. Listen as Pilar talks about her career, then respond to the questions below.

1. When she was young, Pilar wanted to be _____.
   a. an engineer, a doctor, a writer, a journalist
   b. an author and a medical doctor

2. Pilar's profession can be described as _____.
   a. scientific research
   b. journalism

3. Pilar mentions other professions at the end of the interview because _____.
   a. she wants to learn these professions.
   b. she wants to start a new magazine

4. Pilar's plans for the future indicate that she _____.
   a. is happy with her career
   b. regrets her decision not to become a novelist

5. Pilar _____.
   a. found a way to follow all her teachers' advice
   b. decided to listen only to the advice of her science teachers

6. Pilar thinks her job _____.
   a. has restricted her
   b. has allowed her to explore many fields

■ SEGUNDO PASO

12-4 Teresa is worried about her upcoming job interview, and her friends are full of advice. Indicate below which friend offered each piece of advice.

Consejo	Roberto	Luis	Carmen
vestirse con cierta formalidad			
ser sincera y espontánea			
no llevar el currículum vitae			
practicar la entrevista			
no hacer muchas preguntas			
llegar temprano			

Additional Listening Activities

12-5 Sabrina is giving Miguel some advice about his upcoming job interview. Listen to their conversation and respond to the questions below.

If Miguel follows Sabrina's advice, he will probably ____.

_____ 1 **a.** arrive too early

   b. arrive at just the right time

_____ 2 **a.** be overdressed

   b. be underdressed

_____ 3 **a.** feel inhibited

   b. feel free to be himself

_____ 4 **a.** be far too late with his references

   b. get his references there soon enough

_____ 5 **a.** need to buy some stamps

   b. need his interviewer's fax number

_____ 6 **a.** get the job

   b. not get the job

12-6 Estrella is telling Ana how her job interview went yesterday. Listen to their conversation and answer the questions below.

1. The advice Estrella's friends gave her worked _____.
   a. really well
   b. very poorly

2. Estrella's interviewer dressed much more _____ than she did.
   a. casually
   b. formally

3. Because Estrella was so sincere she _____.
   a. made an outstanding impression on the interviewer
   b. put her foot in her mouth

4. Estrella's job application will probably be _____.
   a. accepted
   b. rejected

5. If Ana had it to do over again, she would probably _____.
   a. give Estrella the same advice
   b. change the advice she gave Estrella

Nombre _____ Clase _____ Fecha _____

 Additional Listening Activities

POEM

Jorge Manrique fue el último gran poeta de la Edad Media en la Península Ibérica (1440–1478). Fue conocido por sus famosas *Coplas por la muerte de su padre*. Sus temas principales son la brevedad de la felicidad en este mundo, lo inevitable de la muerte para poderosos y humildes y el triunfo de la virtud. Los siguientes versos expresan con sinceridad la angustia de Manrique y han llegado a ser poemas clásicos en la literatura española.

Coplas por la muerte de su padre

Recuerde el alma dormida,
avive el seso y despierte
contemplando
cómo se pasa la vida,
cómo se viene la muerte
tan callando,
cuán presto se va el placer,
cómo, después de acordado,
da dolor;
cómo, a nuestro parecer
cualquiera tiempo pasado
fue mejor.

Pues si vemos lo presente
cómo en un punto se es ido
y acabado, si juzgamos sabiamente,
daremos lo no venido
por pasado.
No se engañe nadie, no,
pensando que ha de durar
lo que espera
más que duró lo que vio,
pues que todo ha de pasar
por tal manera.

Nuestras vidas son los ríos
que van a dar en la mar,
que es el morir;
allí van los señoríos
derechos a se acabar
y consumir;
allí los ríos caudales,
allí los otros medianos
y más chicos,
y llegados, son iguales
los que viven por sus manos
y los ricos.

This poem is recorded on *Audio CD 12*. Although it is presented in this chapter, it can be used at any time.

Spanish 3 ¡Ven conmigo!, Chapter 12

Scripts and Answers for Textbook Listening Activities and Additional Listening Activities

PRIMER PASO

Activity 6

1.   MIGUEL   Oye, Laura, ¿te gusta el tenis?
     LAURA   Ay, Miguel, a mí no me interesa el tenis para nada.
2.   MIGUEL   Dime, Juan, ¿qué piensas del fútbol?
     JUAN   Hombre, tú sabes que estoy loco por el fútbol.
3.   MIGUEL   Beatriz, tú coleccionas revistas, ¿no?
     BEATRIZ   ¿Coleccionar revistas? Ay, Miguel, ¡eso me parece aburridísimo!
4.   MIGUEL   Oye, Roberto, ¿qué tal si jugamos a los videojuegos después de clases?
     ROBERTO   Me da lo mismo si jugamos hoy o mañana.
5.   MIGUEL   Dime, Pilar, ¿eres aficionada a los deportes?
     PILAR   Soy gran aficionada al baloncesto. Así es, Miguel.
6.   MIGUEL   Mónica, sé que eres fanática de la música rock. ¿Qué tal si asistimos al concierto mañana?
     MÓNICA   Lo siento, Miguel, pero estoy harta de ir a conciertos. ¿Por qué no vamos a un museo?
7.   MIGUEL   Mercedes, ¿prefieres ver una película o quedarte en casa esta noche?
     MERCEDES   En realidad, me da igual. ¿Qué prefieres tú?
8.   MIGUEL   Luis, tienes una gran colección de adhesivos, ¿verdad?
     LUIS   ¿Yo? ¡No, señor! Coleccionar adhesivos me parece un rollo.

Answers to Activity 6
1. Laura, aversión
2. Juan, interés
3. Beatriz, aversión
4. Roberto, indiferencia
5. Pilar, interés
6. Mónica, aversión
7. Mercedes, indiferencia
8. Luis, aversión

Activity 8

1. Bueno, no me interesa tanto nadar, yo prefiero bucear. Hay cosas maravillosas en el mar.
2. Estoy loco por los deportes, sobre todo por el ciclismo; es mi deporte favorito. Es mucho más divertido que patinar en línea.
3. A mi novio y a mí nos gusta muchísimo jugar a las cartas. Nos gusta más que jugar a los videojuegos.
4. Me gusta más leer revistas que tiras cómicas porque aprendo más sobre lo que pasa en el mundo.
5. Me la paso coleccionando adhesivos. Pero coleccionar sellos me parece un rollo.
6. Muchas veces me gusta simplemente tocar la guitarra con mis amigos. No me interesa para nada tocar otros instrumentos.

Answers to Activity 8
1. bucear
2. ciclismo
3. jugar a las cartas
4. leer revistas
5. coleccionar adhesivos
6. tocar la guitarra

Activity 13

MIGUEL   ¿Luisita? Habla Miguel. ¿Cómo estás? ¿Qué estás haciendo?
LUISITA   Estoy escuchando la radio y limpiando mi cuarto.
MIGUEL   ¿Cómo pasaste el verano?
LUISITA   De maravilla. Mi familia y yo fuimos a la playa y regresamos la semana pasada.
MIGUEL   ¿De veras?
LUISITA   Sí, mi hermana Marisela y yo nadamos en el mar y practicamos el esquí acuático. Los demás pasearon en velero.
MIGUEL   ¿Cómo están todos en tu casa?
LUISITA   Todos aquí están bien. Mi hermano está jugando a las cartas con Marisela y mi mamá está leyendo el periódico.
MIGUEL   Oye, Luisita, ¿te acuerdas del año pasado cuando tu hermano vino de visita y fuimos todos juntos al concierto de U2?
LUISITA   Claro que sí. ¡Estuvo fantástico!
MIGUEL   Bueno, tengo que irme ahora. Quizás podamos asistir a otro concierto este año. Hasta luego.
LUISITA   Vale. ¡Chao!

Answers to Activity 13

escuchar la radio—presente
ir a la playa—pasado
nadar en el mar—pasado
practicar el esquí acuático—pasado
pasear en velero—pasado
jugar a las cartas—presente
leer el periódico—presente
ir al concierto—pasado

¡ADELANTE!

Activity 20

1.—Verónica, ¿qué hiciste este verano?
   —Bueno, tomé una clase de fotografía y saqué muchas fotos.
2.—¿Qué hizo Joaquín?
   —Hizo una vuelta en bicicleta con su hermano por el campo y lo pasaron muy bien. Pasearon en bicicleta por varios días.
3.—Y tú, Benjamin, ¿paseaste en velero?
   —Sí, mi primo tiene un velero y paseamos mucho durante las vacaciones. Fue fenomenal. La próxima vez te invito.
4.—¿Qué hicieron tus hermanas este verano?
   —Ellas fueron al Festival de Cine en Gijón. Tú sabes cómo les encantan las películas.
5.—Concha, ¿adónde fuiste de vacaciones?
   —Fui a un parque nacional e hice camping con un grupo de amigos. ¡Fue increíble!
6.—Y tu novia, Víctor, ¿lo pasó bien este verano?
   —Sí, gracias. Lo más interesante fue cuando montó a caballo. Hizo una excursión por un fin de semana. ¿Quieres ver las fotos?

Answers to Activity 20
1. Amparo
2. Miguel
3. Miguel
4. Amparo
5. Amparo
6. Amparo

SEGUNDO PASO

Activity 22

1.—¿Qué tal, Amparo, cómo estás?
   —Voy a la playa este fin de semana. ¿Y tú? ¿Adónde vas?
2.—Hiciste camping con tu familia, ¿no? ¿Adónde fuisteis?
   —Fuimos al parque nacional de Covadonga. ¡Es maravilloso! Tienes que verlo.
3.—Amparo, ¿con quién fuiste al concierto?
   —Fuimos el sábado por la noche. No llegué a casa hasta muy tarde. ¡Estuvo excelente!
4.—Oye, Amparo, ¿por qué no me llamaste el otro día? Íbamos a estudiar juntos para el examen, ¿no?
   —Ay, Javier, ¡me olvidé por completo de llamarte! ¿Te parece bien si estudiamos juntos mañana?
5.—Amparo, ¿cuándo vas a montar a caballo? Me encantaría ir contigo.
   —¡Perfecto! Pienso ir este domingo por la tarde. Yo te llamo el sábado y te doy más detalles.
6.—Paloma me dice que vosotros fuisteis al cine ayer. ¿Qué película visteis?
   —Sí, salimos con Ignacio y su primo. Pero la película estuvo aburridísima; no nos gustó para nada.
7.—Oye, Amparo, ¿qué tal te gustan tus clases este año?
   —Bueno, tengo seis clases en total y además, estoy tomando clases particulares de piano en mi casa.
8.—Ya conoces al novio de Eva María, ¿verdad?
   —Sí, claro que sí. Lo conocí el mes pasado en la casa de Eva María.

Answers to Activity 22
1. ilógica
2. lógica
3. ilógica
4. lógica
5. lógica
6. ilógica
7. ilógica
8. lógica

REPASO

Activity 1

1. —Oye, Francisco, pienso ir a la playa con Hilaria el sábado. ¿Quieres venir con nosotras?
   —Gracias, pero ya tengo planes. Pienso montar a caballo con unos amigos.
2. —Y tú, Beatriz, ¿ya tienes planes para el sábado?
   —Sí, dan dos películas que me gustaría ver y Paco ya me invitó a verlas.
3. —Jorge, ¿por qué no nos acompañas a la playa este sábado?
   —Me gustaría pero no puedo. Los sábados practico la guitarra con mi banda.
4. —Natalia, por favor, no me digas que no. Ven con nosotras a la playa.
   —Ay, Amparo, lo siento, pero no. Me parece aburrido pasar horas y horas en el sol. Y además,
   tengo mi clase de fotografía.
5. —Catalina, acompáñanos a la playa este fin de semana, ¿quieres?
   —Lo siento, no puedo. Carmen y yo vamos a patinar sobre ruedas este fin de semana.

Answers to Repaso Activity 1
1. d   2. b   3. no corresponde   4. a   5. c

Scripts for Additional Listening Activities

Additional Listening Activity 1-1, p. 7

LAURA	Buenas tardes, radioescuchas. Aquí les informa Laura. Hoy entrevistamos a dos jóvenes. Vamos a ver qué hacen en sus ratos libres. Primero les presento a Miguel Siqueiros. Hola, Miguel.
MIGUEL	Hola, Laura.
LAURA	A ver, ¿cuáles son tus pasatiempos? ¿Qué es lo que más te gusta hacer, Miguel?
MIGUEL	Bueno, me encanta jugar a los videojuegos. Y soy un fanático de la música. Me la paso escuchándola y me encanta tocarla también.
LAURA	Entonces, ¿eres un virtuoso? ¿Qué instrumento tocas?
MIGUEL	Toco dos. Toco el clarinete y también la batería. La batería la toco en un grupo con dos amigos.
LAURA	Bueno, Miguel, gracias, y buena suerte con tus proyectos musicales.
LAURA	Y ahora, estimados radioescuchas, les presento a Beatriz. Bienvenida a nuestro programa, Beatriz. Dime cómo te gusta pasar el tiempo libre.
BEATRIZ	Bueno, me la paso o escuchando música o practicando algún deporte. Soy una gran aficionada al ciclismo y a la equitación. También me encanta patinar en línea.
LAURA	Muy bien. Gracias, Beatriz. Es todo por ahora, radioescuchas. No dejen de acompañarnos en nuestro próximo programa.

Additional Listening Activity 1-2, p. 7

PEDRO	Tengo muchas ganas de estar en Galicia ya. Tú sabes que estoy loco por los deportes acuáticos. La Coruña es un lugar fenomenal para bucear y nadar. Cuando estuve en La Coruña el año pasado nadé todos los días. Este año pienso pasear en velero también. No puedo esperar.
TERESA	Y a mí me gusta hacer turismo. Me encanta conocer los museos y las iglesias. El primer lugar que voy a visitar es la Catedral de Santiago de Compostela. ¿Conoces el lugar?
PEDRO	No, no conozco Santiago de Compostela pero espero visitar la catedral durante estas vacaciones. También quiero comer mucho pescado. Y espero ver bailar la jota. Tú sabes bailar la jota, ¿no?
TERESA	No, no sé bailar la jota pero soy una gran aficionada a la música. Por eso voy a escuchar música de gaita. ¿Quieres acompañarme?
PEDRO	Lo siento, pero no puedo.

Additional Listening Activity 1-3, p. 7

FERNANDO	Los aficionados al fútbol quieren saber más acerca del nuevo jugador de El Real, el Buitre Ribalta, quien metió tres goles al equipo de Holanda el domingo pasado. Hoy está con nosotros Manolo Pondal, amigo del Buitre desde que eran niños. Manolo, dinos cómo es el Buitre Ribalta en su vida personal.
MANOLO	¿Y qué queréis que os diga? El Buitre es un tipazo, es un tío fenomenal y muy majo. Lo conozco bien y sé que es abierto y sincero. Por supuesto, también juega muy bien al fútbol.
FERNANDO	¿Y dónde conociste al Buitre?
MANOLO	Esto, déjame ver. Los dos fuimos al mismo liceo. El Buitre era atlético y muy fuerte desde chico. Parecía un toro. Yo, en cambio, era delgado y llevaba gafas, pero era muy inteligente. Y el Buitre no sabía nada de matemáticas. Un buen día, el Buitre se acercó y me pidió que lo ayudara a estudiar. Así fue como nos hicimos amigos.
FERNANDO	¿Y el Buitre aprendió matemáticas?
MANOLO	Claro. Yo soy un profesor de matemáticas fenomenal.
FERNANDO	Manolo, muchas gracias por la entrevista.
MANOLO	Gracias a ti, vale.

Additional Listening Activity 1-4, p. 8

MARTA   Esa foto, allí arriba. ¿Quién es ese señor calvo? Parece guapo.

CONSUELO   Él es mi abuelo Gregorio. Es muy buena gente y tiene un muy buen sentido del humor. Lo parece, ¿no crees?

MARTA   Y aquella señora con gafas, ¿quién es?

CONSUELO   ¿De qué foto estás hablando?

MARTA   La señora del pelo rizado.

CONSUELO   Ah, esa foto. ¿Pero no la conoces? Es mi tía Dora.

MARTA   Ah, bueno, claro que la conozco. Es que no la reconocí con el pelo rizado.

MARTA   Mira, esa señorita parece estar de mal humor. Parece una pesada. ¿Quién es?

CONSUELO   Ay, chica, tienes razón; es de lo más pesada. No hay quien la aguante. Se llama Alicia. Es mi prima.

MARTA   ¿Y ese señor con bigote? Parece muy serio. ¿Es tu padre?

CONSUELO   ¡Qué va! Mi padre nunca usa bigote. Es mi tío Federico. En esta foto parece bastante serio, pero en realidad no lo es.

Additional Listening Activity 1-5, p. 9

SRA. VILLAFRANCA   Mis hijos Carlos y Tomás son gemelos. Los dos tienen la misma edad, claro: tienen veinticinco años. Los dos son de estatura mediana, pero Tomás es un poco más alto que Carlos. Los dos hermanos llevan gafas.

Los dos tienen el pelo rubio y rizado. Carlos tiene bigote, pero Tomás no. Tomás, en cambio, tiene barba.

En cuanto a su personalidad, son muy distintos. Tomás es muy buena gente y tiene un buen sentido del humor. Carlos, en cambio, a veces puede ser un poco pesado.

Carlos es fanático de los deportes, como el montañismo y el ciclismo. A Tomás no le interesan los deportes para nada. Los dos, Carlos y Tomás, son muy listos. Como su madre, claro.

Additional Listening Activity 1-6, p. 9

LOCUTORA   Morocha, la conocida cantante argentina de música rock, llegó hoy a las diez de la mañana al aeropuerto internacional de Barajas para hacer su nuevo video musical: "Estoy buceando por ti". Morocha, la famosa dama de negro de 32 años, lucía fenomenal al salir del avión. Siempre vestida de negro, la cantante llevaba unas gafas de sol y una elegantísima falda negra. En la conferencia de prensa que se celebró poco después, la estrella de rock mostraba el mismo buen sentido del humor y las mismas cualidades de persona amigable y calurosa que la han hecho tan popular y famosa. A los reporteros les informó que vino a España porque piensa hacer su nuevo video musical en la ciudad de La Coruña. El título del video es: "Estoy buceando por ti". Desde el aeropuerto internacional de Madrid-Barajas, les habló María Teresa Ramírez.

Answers to Additional Listening Activities

Additional Listening Activity 1-1, p. 7

1. Miguel **b**
2. Beatriz **d**

Additional Listening Activity 1-2, p. 7

1. Pedro
2. Teresa
3. Pedro
4. Pedro
5. Teresa

Additional Listening Activity 1-3, p. 7

El Buitre: atlético, abierto, sincero, fuerte
Manolo: delgado, inteligente
Possible answer: They get along because they've been friends since childhood.

Additional Listening Activity 1-4, p. 8

1. la tía Dora
2. el tío Federico
3. el abuelo Gregorio
4. la prima Alicia

Additional Listening Activity 1-5, p. 9

	gafas	pesado	bigote	majo	buen sentido del humor	pelo rizado	barba	listo	interesado en los deportes
Carlos	✓	✓	✓			✓		✓	✓
Tomás	✓			✓	✓	✓	✓	✓	

Additional Listening Activity 1-6, p. 9

2

DE ANTEMANO

Activity 2

1. ¡Iván salió con cuatro chicas la semana pasada y dice que quiere casarse con todas!
2. Moisés es simpático pero casi nunca habla con la gente. Muchas veces se queda solo en casa, escuchando música.
3. A Gabriela le encanta su nuevo trabajo, pero ahora sólo piensa en ganar dinero y comprar más y más.
4. Nadie quiere invitar a Marcos a fiestas. Siempre habla mal de todos y es muy pesimista.
5. Isabel es muy bonita e inteligente pero tiene un defecto muy grande: ¡piensa que es perfecta!

Answers to Activity 2
1. b   2. e   3. d   4. a   5. c

PRIMER PASO

Activity 7

1.—¡Qué lío! Mi mejor amiga habla mucho y a veces le cuenta mis secretos a otra gente.
   —Entonces, ¡no le cuentes tus secretos! Sería buena idea buscar una nueva amiga.
2.—No tengo muchos amigos y me siento muy solitario.
   —Bueno, no te quedes en casa. Te recomiendo participar en un club. Es divertido y es una buena forma de conocer a más gente.
3.—Quiero bajar de peso. Estoy un poco gordo.
   —Bueno, come más postre y toma más refrescos.
4.—Quiero mejorar mis notas.
   —No estudies mucho y ve televisión todo el día.
5.—¡Qué aburrida es la vida! No sé qué hacer.
   —Hombre, ¡hay mucho que hacer! Haz ejercicio o lee un libro. ¿Por qué no montas en bici?
6.—Nunca tengo dinero y siempre les estoy pidiendo dinero a mis padres.
   —Oye, deberías gastar más dinero. ¡Cómprate ropa y una bicicleta nueva!
7.—Tengo un examen este viernes y estoy tan nerviosa que no puedo estudiar.
   —No debes ponerte tan nerviosa. Estudia conmigo esta noche.

Answers to Activity 7
1. buen consejo   3. mal consejo   5. buen consejo   7. buen consejo
2. buen consejo   4. mal consejo   6. mal consejo

Activity 13

Tengo un problema no muy grave pero me molesta mucho y no sé cómo resolverlo. Soy demasiado tímido. Tengo pocos amigos porque es muy difícil para mí hablar con gente que no conozco muy bien. Hay personas en mi escuela y en mi barrio que me caen bien pero no sé de qué hablar ni cómo empezar una conversación. Muchas personas piensan que soy aburrido o, lo que es peor, arrogante ¡pero no es así! ¿Qué hago? ¿Me puedes dar algún consejo?

Answers to Activity 13
Possible answers: Deberías participar en un club. Te recomiendo estudiar con otro estudiante o participar en un proyecto con otros estudiantes y hablar con ellos. Sería bueno hacerles preguntas personales a otras personas. A muchas personas les gusta hablar de ellas mismas.

SEGUNDO PASO

Activity 21

1. Trabajo cada día de las cinco de la mañana hasta las tres de la tarde. Por eso prefiero acostarme tarde.
2. Juego para el equipo de baloncesto de mi universidad, así que necesito mantenerme en forma. Me levanto temprano para correr y hacer ejercicio aeróbico.

3. Me encantan las frutas y tomo mucha agua. Trato de hacer ejercicio tres veces por semana.
4. Trabajo en un restaurante. Siempre me lavo las manos antes de preparar la comida.
5. Cuando voy a la playa, me quito la camisa para broncearme. No me gustan las cremas protectoras.
6. Me siento bastante bien. Estoy un poco agobiada por las tensiones de la vida a veces pero siempre trato de compartir mis problemas con mis amigos.

Answers to Activity 21

1. no saludable   3. saludable   5. no saludable
2. saludable   4. saludable   6. saludable

Activity 23

1. Celina hizo mucho ejercicio esta mañana y se cansó. Por eso se durmió durante la cena.
2. ¡Qué lío! ¡Rafa se lavó los dientes con el champú y se lavó el pelo con la pasta de dientes!
3. Esa Lupita no cuida el peso; por eso está gordita.
4. Teresa se acostó a las diez pero se quedó despierta hasta muy tarde.

Answers to Activity 23

1. b   2. a   3. d   4. c

Activity 26

1. Cuando estaba en el colegio, me mantenía en buena forma. Siempre hacía ejercicios y jugaba a muchos deportes.
2. Comía sólo comida sana y veía poca televisión. Cuando podía, pasaba tiempo hablando con mis amigos.
3. Iba todos los días a las canchas de tenis para practicar, y jugaba con el equipo del colegio.
4. Un día un hombre me vio jugar y me invitó a jugar para la Universidad Central.
5. Cuando no jugaba al tenis, estudiaba. Siempre me importaba sacar buenas notas.
6. Durante mi último año en el colegio, hice un viaje a Europa con unos amigos. Después de regresar, comencé en la universidad.

Answers to Activity 26

1. habitual   3. habitual   5. habitual
2. habitual   4. no habitual   6. no habitual

Activity 29

Ahora llevo una vida agitada. Sin embargo, antes tenía más tiempo para mantenerme en forma y descansar. Cuando estaba en la escuela secundaria, me cuidaba mucho más. Comía comida sana como frutas y verduras, y hacía ejercicio casi todos los días. Por ejemplo, jugaba al tenis o hacía ejercicio aeróbico. Me encantaba leer novelas y tenía muchos libros. Tocaba la guitarra pero no muy bien porque casi nunca practicaba. Me encantaba escuchar la radio y pasaba horas cantando en mi cuarto.

Answers to Activity 29

1. She has cookies in her room, not fruits and vegetables.
2. She has a basketball, not a tennis racket.
3. She's dancing to music videos on TV, not singing along with the radio.

REPASO

Activity 1

¡Mi vida es un desastre a veces! Anoche me acosté muy tarde por estar hablando con mi mejor amiga. No me acordaba de que tenía un examen de biología hoy. Quería levantarme hoy a las cinco para estudiar un poco más para el examen, pero no me desperté hasta las siete. Me duché y me vestí rápidamente, y mientras comía el desayuno, intenté estudiar un poco. Cuando entré en el salón de clase, me sentía abrumada por la presión. Me puse muy nerviosa durante el examen. Ahora, estoy sufriendo de muchísimo estrés. Me preocupa mucho la nota que voy a sacar.

Answers to Repaso Activity 1

b, d, c, a

Scripts for Additional Listening Activities

Additional Listening Activity 2-1, p. 15

SRA. LÓPEZ Bueno, señorita Esparza, ¿cómo van los cinco estudiantes que Ud. ha visto hoy?

SRTA. ESPARZA Bueno, algunos viven tranquilos y otros no. Lorenzo Vásquez, por ejemplo, siempre tiene sueño porque duerme solamente tres o cuatro horas cada noche. Cada vez que lo veo está rendido. Parece que sufre de presiones y tiene demasiado que hacer.

SRTA. ESPARZA En cambio, Virginia Mora toma las cosas con calma. Es una chica muy ocupada pero tranquila. Tiene buen sentido del humor y se ríe mucho. Aunque tiene mucho que hacer, no se pone ansiosa. Sabe relajarse.

SRA. LÓPEZ Y creo que Ud. habló con Pedro Martínez también, ¿no?

SRTA. ESPARZA Sí. Parece que Pedro está obsesionado por sus notas. Estudia todo el día y toda la noche. El pobre muchacho está agotado. Y se pone muy nervioso cuando tiene un examen. Necesita aprender a cuidarse mejor.

SRA. LÓPEZ ¿Y cómo le va a José Luis Vargas?

SRTA. ESPARZA Bien. José Luis es un chico muy ocupado pero tranquilo. Cuando el colegio o su vida personal le causa problemas sale a hacer ejercicio. Así alivia el estrés un poco. Todos deberían seguir su ejemplo.

SRA. LÓPEZ ¿No vio Ud. a Daniela Herrera también?

SRTA. ESPARZA Sí, la vi. Lo que pasa es que estudia mucho, trabaja en una tienda de ropa, juega al fútbol y toca la batería en una banda. Le causa estrés no tener más tiempo para hacer todas sus actividades. Le dije que no debe llevar una vida tan histérica.

Additional Listening Activity 2-2, p. 15

EMILIA Querida Emilia:
Espero que esta carta te encuentre bien. Aquí todo va como siempre. Tu papá sigue trabajando mucho. Debe relajarse más. A tu hermanito se le rompió la pierna jugando al fútbol. Y yo, bueno, yo sigo igual. Oye, me tienes muy pre-ocupada hija. Recibí tu carta esta mañana. ¡Pobrecita! Estás tan rendida por todo el trabajo que tienes. Toma las cosas con calma si puedes. Te recomiendo comer bien, dormir lo suficiente y cuidarte mucho. Trata de no llevar una vida tan agitada. Y no te pongas nerviosa por las notas. Eres una excelente estudiante. También te aconsejo relajarte y tratar de reírte un poco más. Escríbenos cuando puedas, y si quieres, llámanos por teléfono por cobrar. Ya sabes que te echamos mucho de menos. Hasta pronto. Cariños de Mamá

Additional Listening Activity 2-3, p. 16

1. PABLO Oye, Yolanda. Tengo un problema. Es que llevo una vida bastante agitada, y no me puedo relajar. Me siento tan agobiado que cualquier cosa me causa estrés. ¿Qué me recomiendas hacer?

2. ELENA Yolanda, ¿puedes darme algún consejo? Últimamente no puedo dormir. Lo que pasa es que sufro de muchas presiones a causa del colegio y eso. Resulta que muchas veces me desvelo o sólo duermo tres o cuatro horas. ¿Qué me aconsejas hacer?

3. FELIPE A Paco le encantan las matemáticas. Todas las noches se duerme pensando en las cifras. Anoche trataba de resolver un problema sumamente difícil y no se durmió hasta las cuatro de la mañana.

4. ESTRELLA Pilar vio otra película de terror ayer. A la hora de acostarse se durmió casi en seguida. Pero a las tres, como siempre, se despertó histérica. Soñó con tigres, crímenes, tormentas... Las películas le fascinan pero en realidad la asustan mucho. ¿Qué debo hacer?

5. ARNOLDO Mi colega, el señor Mérida, sufre de muchas tensiones. La compañía donde trabajamos tiene muchos problemas económicos y él está agobiado con todo el trabajo que tiene que hacer. Además, hay mucho tránsito día y noche donde vive y de noche no duerme lo suficiente. Luego cuando llega al trabajo no tiene muy buen sentido del humor.

Additional Listening Activity 2-4, p. 16

DR. VIDASANA   Muy buenos días, señores y señoras. Soy la doctora Vidasana. Todos queremos llevar una vida sana, pero a veces no nos damos cuenta que nuestros hábitos contribuyen a la buena salud—¡y a la mala salud! Hoy voy a hablar en particular de cómo Uds. pueden cuidarse el peso y protegerse la piel. En primer lugar Uds. deben alimentarse bien. Les aconsejo tener buenos hábitos de alimentación y comer comida sana con poca grasa. Y no le echen mucha sal. La sal es nutritiva pero en cantidades grandes puede representar un peligro para la salud. Para las personas que están a dieta porque necesitan cuidarse el peso, les recomiendo pesarse una vez a la semana, no más. Después de todo, uno no va a bajar o subir de peso sólo porque se pesa. Ahora, para todos Uds. que tratan de cuidarse mucho, no deben quedarse muchas horas frente a la tele. También les aconsejo hacer ejercicios dos o tres veces a la semana. Si hacen sus ejercicios en la playa o si van a la playa para broncearse, deben ponerse una crema protectora. Así se broncean pero no se queman. Y si se bañan en el mar o se duchan, hay que volver a ponerse crema. Bueno, eso es todo para hoy. Gracias por escuchar el programa. Hasta mañana.

Additional Listening Activity 2-5, p. 17

1. GERARDO   Alberto hace ejercicios aeróbicos todos los días. Le gusta trotar por el parque que queda cerca de su casa.
2. GERARDO   Francisca es muy delgada y trata de subir de peso. Se pesa cuatro veces al día. No se da cuenta que pesarse tanto no tiene sentido. Sería mejor adoptar un programa de ejercicio con una dieta sana y balanceada.
3. GERARDO   Cristóbal está gordo. Trata de no comer mucha comida con grasa aunque está loco por el helado. Yo le recomiendo que coma inteligentemente y que tome una clase de ejercicios aeróbicos.
4. GERARDO   Por lo general Antonio se mantiene en forma y tiene buenos hábitos de alimentación. Por ejemplo, compra muchas legumbres y frutas. Pero, ¡pobre muchacho!, debe aprender a compartir su vida con los demás. Es muy solitario.
5. GERARDO   Berta es fanática de broncearse en la playa. No se da cuenta que quedarse al sol todo el día es un peligro para la piel. Y no se pone crema protectora.
6. GERARDO   Ana nunca duerme lo suficiente. Se acuesta a las once de la noche pero no se duerme hasta las tres de la mañana porque piensa en sus problemas y en todas las cosas que tiene que hacer. Por eso está rendida al llegar al colegio al día siguiente.

Additional Listening Activity 2-6, p. 17

CARMEN   Querida doctora Almasana. Tengo un amigo que se alimenta muy mal. Vive de cosas como papas fritas y perros calientes. Yo sé que las papas son una comida sana, pero cuando están fritas tienen mucha grasa, y él les echa mucha sal.

MARÍA   Querida doctora Almasana. Mi amiga Vero está histérica por cuidarse de peso. Un día quiere subir de peso y otro día está a dieta. Además se pesa cada diez minutos más o menos. ¿Cómo puedo hacerle ver que es muy atractiva y no necesita ponerse tan ansiosa?

FELIPE   Querida doctora Almasana. Hay una persona en el colegio que necesita amigos. Es una alumna nueva y se siente bastante sola. Tiene ganas de compartir sus sentimientos y pensamientos con los démas, pero es tímida. Estamos seguros que puede contribuir mucho a nuestro grupo. No se da cuenta que queremos ser sus amigos. ¿Qué debemos hacer?

Answers to Additional Listening Activities

Additional Listening Activity 2-1, p. 15

1. Lorenzo
2. José Luis
3. Virginia
4. Daniela
5. Pedro

Additional Listening Activity 2-2, p. 15

1. falso
2. falso
3. cierto
4. cierto
5. cierto

Additional Listening Activity 2-3, p. 16

1. c
2. f
3. a
4. b
5. d

Additional Listening Activity 2-4, p. 16

1. no
2. no
3. sí
4. no
5. no

Additional Listening Activity 2-5, p. 17

1. Ana
2. Alberto
3. Antonio
4. Berta
5. Francisca
6. Cristóbal

Additional Listening Activity 2-6, p. 17

1. Persona #1: a, c
2. Persona #2: c, e
3. Persona #3: b, d

Spanish 3 ¡Ven conmigo!, Chapter 2

PRIMER PASO

Activity 7

Hace sesenta y cinco años que vivo en Caracas. Claro que la ciudad ha cambiado muchísimo. Y es cierto que la población ha crecido bastante. Por ejemplo, mucha gente ha venido aquí de otros lugares desde que yo era niña. Y puesto que cada quien tiene su carro la contaminación del aire ha empeorado mucho. Otra cosa es que cuando era niña escuchábamos la radio o conversábamos. Hoy día todos vamos muy de prisa y la familia ya no tiene tiempo para hablar. Pero algunas cosas no son muy diferentes. He notado que hay cosas que regresan una y otra vez. La moda es un buen ejemplo. Yo he visto a las jóvenes con unos zapatos que yo usaba hace treinta años.

Answers to Activity 7
1. la ciudad
2. la población
3. la contaminación del aire
4. algunas cosas: la moda, por ejemplo

Activity 11

FELIPE   ¿Sabes lo que me parece ridículo? Que después de tantos adelantos tecnológicos no vivamos mejor. La vida es más complicada y hay más estrés que nunca.

DANIELA   Bueno, no sé si la situación es tan grave como dices. De todos modos, se me hace que la vida moderna tiene ciertas ventajas. Muchos tienen teléfono celular en el carro y pueden llamar cuando estén atrasados por el tráfico.

FELIPE   ¡Ajá! Ya te dije que esta vida no es nada normal. El tráfico es horrible y la contaminación del agua y del aire nos está sofocando poco a poco.

DANIELA   Es cierto que hay problemas, pero tienes que adaptarte a la vida moderna. Deberías pensar en los aspectos positivos. Por ejemplo, cuando tengo hambre y poco tiempo, preparo algo en el microondas. Además, si quiero saber lo que está pasando en otro país, pongo la radio o la tele y en seguida me puedo informar.

FELIPE   Sí, gracias a las telecomunicaciones puedes saber casi al instante que hubo otro accidente nuclear.

DANIELA   ¡Hombre, qué cínico eres! Ten en cuenta que como estudiante la tecnología te ayuda mucho. Con la computadora no tienes que pasar horas escribiendo tus trabajos como antes. ¡Y con el contestador nunca pierdes tus llamadas importantes, como las de Anabel!

Answers to Activity 11
1. Felipe
2. Daniela
3. Felipe
4. Daniela
5. Daniela

SEGUNDO PASO

Activity 21

BÁRBARA   Oye, Ernesto, ¿tienes el periódico de hoy? ¡Sólo encuentro el de la semana pasada!

ERNESTO   Lo estoy leyendo ahora. ¿Qué quieres saber?

BÁRBARA   Bueno, quiero saber a qué hora empieza el concierto de guitarra.

ERNESTO   Empezará a las ocho de la noche.

BÁRBARA   ¿Y la exhibición de arte de Siqueiros?

ERNESTO   Ya terminó la exhibición de Siqueiros pero la semana que viene empieza la exhibición de Jesús Soto.

BÁRBARA ¡Qué lástima! Bueno, este, me encantaría ver esa película de María Conchita Alonso y—

ERNESTO No, ya no están dando esa película pero el viernes viene una de Meryl Streep que dicen que es buenísima.

BÁRBARA Oye, Pavarotti ya vino, ¿no?

ERNESTO Cantará el sábado. Tal vez estás pensando en Plácido Domingo que dio un concierto excelente ayer.

BÁRBARA ¿¡Ayer?! ¡No puedo creer que me lo perdí!

Answers to Activity 21
1. pasará
2. ya pasó
3. pasará
4. ya pasó
5. pasará
6. pasará
7. ya pasó

Activity 26

Amigos y amigas, tenemos que pensar en el futuro de nuestro mundo. Hay muchos problemas que afectan nuestras vidas como, por ejemplo, el medio ambiente y el crimen. Somos nosotros los que debemos hacer un plan para resolverlos. Aunque no son problemas que los miembros de nuestro club pueden resolver solos, hay cosas que todos pueden hacer, tanto los adultos como los jóvenes. Por ejemplo todos podemos reducir nuestro uso de recursos y de energía, y todos podemos aprender a reciclar productos hechos de madera, de metal y de plástico. No debemos esperar... ¡empecemos hoy!

Answers to Activity 26
1. Cierta.
2. Falsa; dice que nos toca a nosotros resolver los problemas.
3. Falsa; Maricarmen dice que hay muchos problemas con el medio ambiente y el crimen.
4. Cierta.
5. Falsa; según Maricarmen no hay tiempo para esperar.

REPASO

Activity 1

1. Se me hace que lo bueno de tener este invento es que puedes ir rápidamente de un lado de la ciudad al otro. Claro que lo malo es que todos los demás tratan de hacerlo también y luego tenemos problemas con el tránsito.
2. El sábado pasado queríamos alquilar una película, pero ¡qué crees que sucedió! La video-casetera se descompuso y destruyó el video.
3. Vale la pena tener este invento en casa porque de vez en cuando tengo que cenar en unos pocos minutos cuando tengo un compromiso por la noche. Cocino, ceno y salgo corriendo para llegar a tiempo.
4. ¡Qué invento más pesado! Me da rabia estar con alguien que no me hace caso porque pasa todo el tiempo hablando con otros. Qué egoístas, ¿verdad?
5. Lo que me encanta es estar afuera al aire libre escribiendo trabajos. No tengo que pasar hora tras hora enfrente de una máquina de escribir como antes.
6. Este invento a veces trae buenas y a veces malas noticias. Depende de los recados que me hayan dejado, pero la verdad es que lo encuentro muy útil.

Answers to Repaso Activity
1. f
2. a
3. e
4. c
5. d
6. b

Scripts for Additional Listening Activities

Additional Listening Activity 3-1, p. 23

MANUEL RUIZ Buenas tardes, amigos. Les habla Manuel Ruiz, el alcalde de la bella ciudad de San Carlos con un mensaje del ayuntamiento. Tal vez usted haya olvidado que durante los años ochenta la ciudad de San Carlos experimentó muchos adelantos y tuvo la calidad de vida más alta del país. Fíjese en todas las ventajas de vivir en nuestra ciudad hoy en día: hemos mejorado todas nuestras calles, caminos y autopistas. También tenemos uno de los sistemas de transporte público más avanzados del mundo. Hemos establecido centros sofisticados de tecnología con excelentes sistemas de computación y comunicación para mejor servir a las compañías del siglo veintiuno. Hoy en día, tenemos el centro comercial más grande del estado y está abierto las 24 horas del día. Hemos quitado la basura de la calle y hemos establecido un departamento de sanidad muy eficiente. Durante los últimos meses, seis empresas y fábricas internacionales han establecido oficinas aquí, ofreciéndole las oportunidades profesionales que usted ha buscado. Para los empleados, la vida diaria en San Carlos ofrece muchísimas oportunidades de diversión y recreo. Entonces si usted ha pensado en mudarse a nuestra bella ciudad, ya no piense más. Estamos esperándolo.

Additional Listening Activity 3-2, p. 23

1. **CLAUDIA** Buenas tardes, señor. Disculpe, pero acabo de llegar y no conozco bien la ciudad. ¿Qué recomienda usted que yo vea?

    SR GARCÍA Bienvenida. Nuestra ciudad la invita. Bueno, a ver, eh... primero le recomiendo que se quede en el Hotel Pedernal. Es un rascacielos impresionante. Y creo que el Restaurante Guadalupe, este, sirve buena comida. Está en el piso 35 del hotel. Y no se pierda el monumento del General Santos. Es muy impresionante.

2. **CLAUDIA** Buenas tardes, señora. No conozco bien la ciudad y quería saber si usted me podría recomendar algunos sitios.

    SRA. MARTÍNEZ A ver. Se me hace que el Parque Cifuentes es muy bonito. Y también, este, me gusta el Restaurante Central. La comida que sirve es excelente. Y pues, si todavía no tiene reservaciones, le recomiendo el Hotel Mádison. Es muy bonito y tampoco es muy caro.

3. **CLAUDIA** Perdón, señor, pero no conozco bien la ciudad. ¿Me podría decir cuáles son algunos lugares interesantes?

    SR. PÉREZ Me imagino que la Gran Plaza sería interesante para usted. Es muy vieja y este... creo que muchos turistas la visitan cada año. También se me hace que hay un restaurante que se llama El Aterrizaje. Este, a ver... creo que sirven buenos mariscos.

4. **CLAUDIA** Señor, siento molestarlo pero estoy buscando algunos lugares de interés en la ciudad. ¿Qué me recomienda?

    SR. FIGUEROA A ver. El Restaurante A La Parrilla es excelente. La comida es la mejor de la ciudad. No hay que perdérselo. También le recomiendo El Museo Histórico. Están dando algunas exposiciones muy interesantes e impresionantes.

Additional Listening Activity 3-3, p. 24

ANDRÉS Muchas gracias, Julia, por esta entrevista. A ver, tengo algunas preguntas para ti. En seguida comenzamos.

JULIA Encantada, Andrés.

ANDRÉS Bueno. Primero quiero saber, ¿alguna vez has usado un teléfono celular?

JULIA No. Nunca lo he hecho. Ni siquiera entiendo cómo funciona.

ANDRÉS Bien. ¿Alguna vez has comprado un horno de microondas?

JULIA Bueno, compré un horno hace cinco años, pero no era muy sofisticado. Tenía muchas desventajas. Por eso, hace un mes compré otro horno de microondas. Y ahora cocino todos los días en él. Creo que ha valido la pena comprar uno nuevo.

ANDRÉS Bien. La próxima pregunta es ¿tienes contestador automático para el teléfono?

JULIA Sí. Hace tres años compré mi primer contestador telefónico y hoy en día ya no puedo vivir sin él. Es muy fácil adaptarse al contestador porque hace más fácil mi vida diaria. Puedo llamar desde cualquier lugar y escuchar los mensajes que están en mi contestadora. Ahora ya no pierdo ninguna cita importante.

ANDRÉS Sí. Lo sé. A mí me gustan también los contestadores telefónicos. Y para terminar, dime si tienes videocasetera.

JULIA   Pues claro. Hace más de un año que no voy al cine. Ahora puedo ver las películas que me gustan en casa con mis amigos y si queremos comer algo mientras tanto, pues uso mi horno de microondas.

ANDRÉS   ¿Crees que la calidad de vida ha empeorado?

JULIA   ¡Al contrario! Creo que ha mejorado mucho debido a los adelantos en la tecnología.

ANDRÉS   Bueno Julia, ya terminamos. Muchas gracias.

JULIA   De nada, Andrés.

Additional Listening Activity 3-4, p. 24

CANDIDATO 1   Bienvenidos, estimados ciudadanos. Los resultados de estas elecciones son importantes para todos nosotros. Si ustedes votan por mí, ustedes verán muchos cambios. Haré todo lo posible para mantener y limpiar el medio ambiente. Es nuestra responsabilidad desarrollar nuevas formas de energía. Por eso, estableceré una comisión de energía que buscará descubrir soluciones definitivas a la contaminación que destruye nuestra comunidad. Manejaremos carros eléctricos y utilizaremos la energía solar siempre que sea posible.

CANDIDATO 2   ...es nuestro deber construir un porvenir nuevo para desarrollar la ciudad. Si ustedes me conceden la oportunidad de servirles en los años procedentes descubrirán poco a poco los cambios. El problema más grave de nuesta comunidad es el tránsito. Hoy día es casi imposible manejar por nuestras calles debido al número de coches. Yo, como su alcalde, estableceré una comisión de tránsito público que desarrollará el metro más avanzado y complejo de todo el país. Dentro de un año notarán la diferencia.

CANDIDATA 3   ...que nos toca a nosotros efectuar los cambios. Limpiaremos las calles y las autopistas. Pondremos basureros en todas las calles para que los ciudadanos puedan botar todo tipo de basura. Estamos obligados a dejar limpio nuestro mundo para nuestros hijos e hijas. Es nuestro deber conservar los recursos naturales y usarlos de una manera responsable.

Additional Listening Activity 3-5, p. 25

VALLEJO   Es nuestro deber mejorar la calidad del aire. Por eso yo, Vallejo, creo que hay que sembrar más árboles por toda la ciudad. Además de dar oxígeno al aire, también dan belleza a la ciudad. ¿No te parece, Dorado?

DORADO   Sí, Vallejo, tienes razón. Pero eso no es todo. Nos toca a nosotros usar nuevas formas de energía como la energía solar. La energía solar es más limpia y no es peligrosa. ¿Estás de acuerdo, Mondragón?

MONDRAGÓN   Claro. Hay que pensar en el carro eléctrico como medio de transporte, que no produzca contaminantes.

DORADO   Y no hay que olvidar que hay que reciclar los periódicos.

VALLEJO   Tienes razón, Dorado. Es nuestra responsabilidad poner basureros por toda la ciudad.

MONDRAGÓN   Y no se olvide, Vallejo, que nos toca a nosotros establecer zonas peatonales en todos los barrios.

Additional Listening Activity 3-6, p. 25

PERIODISTA   Ingeniera Montoya, ¿nos puede decir qué piensa Ud. incluir en el plan para mejorar el medio ambiente en la ciudad?

MONTOYA   Mire, en cuanto al tránsito, especialmente en las horas de punta, hay que ampliar las autopistas.

PERIODISTA   Y Ud., ¿qué dice, ingeniero Castillo?

CASTILLO   Yo pienso que también estamos obligados a extender el metro hasta las afueras de la ciudad. Así habrá menos embotellamientos de coches.

MONTOYA   Y con menos coches habrá menos contaminación del ambiente.

PERIODISTA   Ingeniera Montoya, ¿qué más está en el plan además de los problemas de tránsito de coches?

MONTOYA   La reforestación es otro punto importante del plan. Nos toca a nosotros empezar una campaña de reforestación. Hay que sembrar árboles por toda la ciudad.

CASTILLO   Es cierto. Es nuestro deber crear espacios verdes.

PERIODISTA   ¿Y qué me dice acerca del agua, ingeniera Montoya?

MONTOYA   Es necesario empezar a hacer una limpieza del río. Está muy contaminado.

PERIODISTA   ¿Y qué más, ingeniero Castillo?

CASTILLO   Vamos a desarrollar un plan de procesamiento para resolver el problema de la basura. El reciclaje es muy importante para nuestra ciudad. Y nos toca a nosostros empezar a reciclar.

Answers to Additional Listening Activities

Additional Listening Activity 3-1, p. 23

a ⓑ c

Additional Listening Activity 3-2, p. 23

1. Bueno, Este... A ver, Eh...
2. Este... A ver, Pues,
3. Este... A ver,
4. A ver,

Additional Listening Activity 3-3, p. 24

	sí	no
teléfono celular		✔
horno de microondas	✔	
contestador automático	✔	
videocasetera	✔	

Additional Listening Activity 3-4, p. 24

1. Candidato 1: __b__
2. Candidato 2: __c__
3. Candidato 3: __a__

Additional Listening Activity 3-5, p. 25

1. V   5. X
2. D   6. M
3. V   7. D
4. M

Additional Listening Activity 3-6, p. 25

1. Montoya   4. Castillo
2. Montoya   5. Castillo
3. Castillo   6. Montoya

PRIMER PASO

Activity 6

1. Esto tiene sabor a grasa y le falta sal. ¿No podemos comer una ensalada o algo así? Tenemos lechuga y tomates. En realidad no me gusta el pollo frito.
2. Mamá, quiero que nos prepares un pastel mañana para mi cumpleaños. Sabe riquísimo tu pastel de chocolate. No hay nada en este mundo como tus pasteles.
3. La ensalada mixta que nos preparó Martín fue muy buena. Estuvo deliciosa, ¿no? Los vegetales estaban muy frescos. ¿Sabes dónde los compró?
4. ¡Guácala! No me prepares pescado, por favor. No es mi plato favorito. No me gusta para nada el pescado. No sé por qué. ¿Te gusta a ti?
5. El flan se hace con huevos y azúcar. No es difícil de preparar. Si quieres, te muestro cómo se prepara. ¿Quieres hacerlo esta noche?

Answers to Activity 6
1. una queja   3. un cumplido   5. un comentario neutro
2. un cumplido   4. una queja

Activity 11

1. Lo siento, señora, pero, ¿está bien si le traigo la tarea mañana por la mañana? Estaba muy ocupada ayer y se me olvidó hacer la tarea. O si quiere, se la puedo llevar a su casa esta noche...
2. Ay, ¡qué frustración! ¿Ahora qué voy a hacer? Se me rompieron los anteojos y no puedo ver. ¿Cómo voy a ver lo que escribe en la pizarra el profesor?
3. Mamá se va a enojar conmigo. Se me perdió Julián en el almacén. ¿Dónde estará? Voy a llamar al almacén a ver si lo han visto. ¡Pobre Julián!
4. ¡No lo creo! Se me quedó el boleto en casa y ahora tengo que ir a buscarlo. Y no tengo tiempo de volver a casa por mi boleto. Voy a llamar a mi hermana. Tal vez ella me lo pueda traer.
5. ¡Ay, ay, ay! Mi esposa va a enojarse. Se me cayeron los platos, y son los platos que le dio su abuela. ¿Por qué dejaron allí los niños sus juguetes?

Answers to Activity 11
1. Beatriz   3. ningún dibujo   5. Pablo
2. Diana   4. Felipe

Activity 16

1. Hay muchos platos que me gustan pero lo que me gusta más es la comida italiana. No soy italiana pero me gustaría visitar Italia algún día.
2. Mis padres, mis hermanas y yo casi nunca estamos en casa a la hora de comer. Todas trabajamos y por eso no tenemos mucho tiempo de estar juntos.
3. Conozco varios lugares donde puedo comprar frutas y vegetales. Hay muchos lugares donde se pueden comprar frutas y vegetales muy frescos en mi ciudad.
4. A mí me parece que los venezolanos comemos un poco de todo. Mucha gente ha venido a Venezuela de otros países. Por eso hay una gran variedad de comidas aquí.
5. Voy a preparar algo especial esta noche y no tengo todo lo que necesito en casa. Por eso hay varias cosas que necesito del mercado. ¿Puedes traérmelas?
6. Mi familia y yo hablamos de lo que pasa en nuestras vidas después de comer. Podemos hablar de cualquier cosa cuando estamos juntos. Me gusta discutir las cosas con ellos; somos muy unidos y nos llevamos bien.

Answers to Activity 16
1. Gisela   3. Yamilé   5. la mamá de Guillermo
2. Gisela   4. Gisela   6. Guillermo

SEGUNDO PASO

Activity 18

1. —Disculpe usted, señor. ¿Podría usted decirme dónde queda el Palacio Nacional? Soy turista y no conozco muy bien la ciudad.
   —Sí. Está a cinco kilómetros de aquí, en la calle Santiago. Puede tomar un taxi o el autobús.
2. —¿Me podría traer un café, por favor? Y hágame el favor de traerme un poco de leche también.
   —Sí, señor, con mucho gusto. Se lo traigo en seguida.
3. —Quiero el bistec a la parrilla. Y de postre, por favor tráigame un helado de chocolate.
   —Lo siento, señora, no tenemos helado esta noche pero tenemos pastel de chocolate y flan. ¿Qué se le ofrece, señora?
4. —Hágame el favor de darme una mesa cerca de la ventana, señor. Me gusta ver todo lo que pasa afuera en la calle.
   —Sí, señora. Por aquí, por favor. Tenemos la mesa perfecta para usted, cerca de una ventana grande.
5. —Perdone usted, señorita. Estoy de visita aquí en esta ciudad. ¿Sería tan amable de decirme dónde hay un buen restaurante?
   —Sí, señor. Vaya usted al Restaurante El Increíble. Es el mejor de la ciudad. Algunos de los platos son un poco extraños pero cocinan unas cosas exquisitas allí.

Answers to Activity 18
1. un transeúnte
2. el cliente
3. el dependiente
4. el dependiente
5. un transeúnte

Activity 22

1. ¿Dónde le puedo comprar un pastel a mi mamá? Hoy es su cumpleaños y quiero darle una fiesta de sorpresa.
2. ¿Quieres que te traiga un poco de carne de la carnicería? Necesitas más carne si quieres hacer pabellón criollo, y la carnicería está cerca.
3. ¿Dónde vas a comprarme los camarones? Los necesito para la paella que voy a preparar el domingo antes de la fiesta.
4. ¿Serías tan amable de traerme leche de la lechería? Quiero hacer flan pero no puedo si no tengo leche. La lechería está cerca, en la Calle Campos.

Answers to Activity 22
1. b   2. a   3. b   4. a

REPASO

Activity 1

1. Coman los mejores mariscos de Caracas. Vendemos las mejores ostras y almejas de la ciudad. Estamos abiertos desde las once de la mañana hasta las diez de la noche.
2. ¿Qué desea usted? ¿Un buen bistec? ¿Chorizos ricos o chuletas de cerdo? No espere un momento más para visitar nuestra tienda. Tenemos esto y mucho más para usted y su familia.
3. La comida natural que ustedes buscan está aquí, señores y señoras. Melocotones, patillas, piñas... llenos de las vitaminas que necesitan para una dieta saludable... Cómprenlos aquí.
4. Señoras y señores, ¿se les ha olvidado algo? ¿El cumpleaños de su esposo o de su hija? ¿El aniversario de bodas de su mejor amigo? No se preocupen. Estamos listos para ayudarles con lo que necesiten para cualquier ocasión.

Answers to Repaso Activity 1
1. Corresponde.
2. Corresponde.
3. Corresponde.
4. No corresponde, porque no hay una tienda de regalos en el dibujo.

Scripts for Additional Listening Activities

Additional Listening Activity 4-1, p. 31

1. FEDERICO ¡Guácala, Roberto! ¡Qué asco! Esta chuleta tiene sabor a grasa.
   ROBERTO Lo siento, Federico. Pero yo creo que se puede comer.
2. FEDERICO Oye, a esta ensalada le falta sabor. Creo que le falta algo.
   ROBERTO Le falta limón. Se me acabó ayer.
3. FEDERICO ¿Y estas papas? Les falta no sé qué.
   ROBERTO Les falta sal.
4. FEDERICO ¿Y dónde están las caráotas negras? ¿No dijiste que las ibas a preparar?
   ROBERTO Sí. Las compré, pero volviendo de la tienda se me cayeron en la calle.
   FEDERICO Ven, Roberto, vamos a comer al restaurante de la esquina.

Additional Listening Activity 4-2, p. 31

MARÍA Oye, Luis. ¿Qué tal estuvo tu fiesta el sábado?
LUIS Muy mal. No vino casi nadie.
MARÍA ¿Por qué?
LUIS Creo que el sábado fue un día de eventos inesperados. A Teresa se le descompuso el carro. A Andrés se le olvidó que había fiesta. A Maribel se le perdieron las llaves del carro. A Jorge se le perdió su cartera. A Guillermo se le acabó la gasolina. A Roberto se le rompieron los discos compactos. Ésta es la última fiesta que organizo este año.
MARÍA ¡Qué barbaridad! Y eso que gastaste una pequeña fortuna en la paella.
LUIS En efecto. Pero oye, María, me di cuenta que Lidia no comió nada de paella. ¿Tú sabes por qué?
MARÍA No me lo vas a creer, pero me dijo que le caen gordos todos los mariscos. Y que la paella tenía mucho ajo y ella tiene alergia al ajo. Pero no te preocupes, puedes servir la paella en la reunión del Club de periodismo.
LUIS Ni creas, pues ya se echó a perder.
MARÍA ¡Ay, pobre! ¡Qué mala suerte has tenido!

Additional Listening Activity 4-3, p. 32

PATRICIA ¿Qué te gustaría comer, Memo?
MEMO No sé...
PATRICIA ¿Qué te parece esta ensalada de aguacate? Mmm... sabe riquísima. ¿La quieres probar?
MEMO ¡Guácala! No me gusta el sabor del aguacate.
PATRICIA ¿Ya viste el bacalao con ajo? A ver, pruébalo.
MEMO Aggg. Tiene mucho ajo.
PATRICIA ¿Mmm? Mmmf. Tienes razón. Y lleva mucha sal también.
PATRICIA ¿Por qué no pruebas las chuletas de cerdo?
MEMO A ver... Tienen sabor a grasa.
PATRICIA Puede ser, pero están en su punto, ¿eh? Y después de todo, el cerdo es cerdo. No es una comida de poca grasa.
PATRICIA Entonces prueba ese bistec a la parrilla con lechuga. Se ve riquísimo.
MEMO Guau. ¡Qué bueno está!
PATRICIA Y ¿qué quieres de postre? ¿Quesillo?
MEMO Está más o menos bueno. Pero le falta no sé qué. Mejor tomo un pedazo de la torta de chocolate.
PATRICIA ¡Hombre, no! Me cae gordísimo el chocolate. Cada vez que lo como me enfermo.
MEMO Entonces llévate un pedazo y yo te lo como, porque está bien sabroso.
PATRICIA Muy bien. Ahora sí ya podemos ir a sentarnos.

Spanish 3 ¡Ven conmigo!, Chapter 4

Additional Listening Activity 4-4, p. 32

JUANITA	Gilda, ¿Me podrías ayudar a preparar la fiesta para el día de los enamorados?
GILDA	Sí, Juanita. ¿En qué te ayudo?
JUANITA	Primero, tengo que comprar varias cosas para la cena. ¿Podrías hacerme unos mandados?
GILDA	Sí.
JUANITA	Bien, aquí tengo una lista de cosas para comprar. Toma.
GILDA	A ver... ¿Dónde quieres que compre el pescado?
JUANITA	En la pescadería de Don Neto. También hazme el favor de pasar por la Panadería Jardín para comprar el pan.
GILDA	Muy bien. Y la torta de chocolate, ¿dónde la compro?
JUANITA	En la Pastelería El Merengue. Y el helado de chocolate en la Heladería La Polar.
GILDA	Perfecto. ¿Y la fruta?
JUANITA	Ah, en la Frutería La Sandía Gorda y si quieres, te presto las llaves de mi carro. ¿Quieres?
GILDA	No, pero... ¿me podrías dar el dinero para comprar las cosas?
JUANITA	Sí claro. ¡Se me olvidaba!

Additional Listening Activity 4-5, p. 33

1.	MAMÁ	Pedro, ¿podrías hacer un mandado para la abuelita Lola?
	PEDRO	No puedo, ahora estoy ocupado con mis videojuegos.
2.	MAMÁ	Pedro, hazme el favor de ir a la panadería.
	PEDRO	Ay, mamá, no puedo. Estoy comiendo cereal.
3.	MAMÁ	Pedro, ¿me podrías ayudar a preparar la cena?
	PEDRO	Ahorita no puedo. Voy a salir a jugar fútbol con mis amigos.
4.	MAMÁ	Pedro, ayúdame a lavar los platos, por favor.
	PEDRO	No puedo, mamá, estoy viendo la televisión.
5.	MAMÁ	Pedro, ¿serías tan amable de...?
	PEDRO	No puedo, mamá. Estoy haciendo mi tarea.
	MAMÁ	Muy bien, entonces no vayas a la pastelería si no quieres tarta de chocolate de postre esta noche.
	PEDRO	¿Qué? Pero, ¡mamá!

Additional Listening Activity 4-6, p. 33

ESTRELLA	¿Me podrías ayudar a encontrar el mejor helado de chocolate de la ciudad?
LOCUTOR	Claro, vamos a la Heladería La Noruega. Ahí para comprarles helados a todos mis amigos y familiares.
MARCOS	Sienta el sabor del Polo Norte. Heladería La Noruega. Hay una cerca de su casa.
LOCUTOR	¿Sería tan amable de decirme dónde queda la tienda de refacciones La Bujía?
MARÍA	Claro. ¿Ve usted ahí enfrente, donde hay muchas personas?
LOCUTOR	¿Ahí? ¡Yo pensé que era un desfile!
MÉLVIN	Claro que es un desfile, pero un desfile de precios bajos en refacciones para su carro. Taller de refacciones La Bujía, el mejor lugar para prevenir las descomposturas de su carro.
LOCUTOR	¿Me podrías ayudar a preparar el Bacalao a la Vizcaína?
NENA	Claro, pero sólo si es bacalao de la Pescadería Los Churumbeles. Ahí puedes encontrar el mejor bacalao para estas fiestas de Pascuas.
FRANCO	Pescadería Los Churumbeles. La pescadería más famosa de la ciudad y a una calle del metro Candelaria.

LISTENING ACTIVITIES · SCRIPTS & ANSWERS

Answers to Additional Listening Activities

Additional Listening Activity 4-1, p. 31

1. c
2. a
3. d
4. e

Additional Listening Activity 4-2, p. 31

1. c
2. a
3. c
4. a
5. b

Additional Listening Activity 4-3, p. 32

DISHES	WAY PREPARED	PERSONAL LIKES AND DISLIKES
ensalada de aguacate		✔
bacalao con ajo	✔	
chuletas de cerdo		✔
bistec a la parrilla	✔	
quesillo	✔	
torta de chocolate		✔

Additional Listening Activity 4-4, p. 32

1. c
2. c
3. a
4. a

Additional Listening Activity 4-5, p. 33

1. c
2. b
3. e
4. d
5. a

Pedro will probably change his mind and go to the pastry shop.

Additional Listening Activity 4-6, p. 33

1. c   2. c   3. b

Spanish 3 ¡Ven conmigo!, Chapter 4

PRIMER PASO

Activity 6

1.—Es importantísimo hacer ejercicios todos los días.
   —Hombre, ¡qué va! Es suficiente hacerlos dos o tres veces por semana.
2.—Las playas de Cancún son las mejores del mundo.
   —Bueno, puede ser, pero yo prefiero las playas de la Florida.
3.—El baloncesto es el deporte más divertido.
   —¡Nada de eso! El voleibol es mucho más divertido.
4.—El invierno es la mejor estación del año, ¿no crees?
   —Depende de tu punto de vista. Si te gusta el frío, ¡sí!
5.—Las canciones de Juan Gabriel están muy de moda.
   —Desde luego. Son muy bonitas.
6.—La comida china es la más sabrosa.
   —Sí, pero hay que tener en cuenta que a algunas personas no les gustan las salsas chinas.
7.—El chocolate suizo sabe riquísimo. ¿A ti te gusta?
   —Por supuesto. Es mi favorito también.

Answers to Activity 6

1. para nada	3. para nada	5. totalmente	7. totalmente
2. más o menos	4. más o menos	6. más o menos	

Activity 10

1. La gente dice que hay unas ruinas misteriosas allá por la selva.
2. Supuestamente los indígenas americanos vinieron originalmente de Asia.
3. Según Pedro, la música caribeña tiene su origen en África.
4. Mi abuela siempre dice que el mundo era mejor hace treinta años.
5. Se cree que hay una mina de oro perdida por aquí.
6. Mi amiga Carla tiene unas ideas curiosas sobre los norteamericanos. Por ejemplo, ella cree que sólo comemos hamburguesas.
7. Dicen que los hombres son mejores en matemáticas que las mujeres. ¿Qué crees tú?

Answers to Activity 10

1. la gente	4. una persona específica	7. la gente
2. la gente	5. la gente	
3. una persona específica	6. una persona específica	

SEGUNDO PASO

Activity 19

Hace muchos años, en una tierra lejana, dos ejércitos se declararon la guerra. Los soldados valientes del ejército del rey Carlos lucharon con su príncipe Esteban al frente. Un día, en plena batalla, el ejército de Esteban tuvo que dejar de luchar. Unos soldados se dieron cuenta de que el mejor amigo de Esteban, un guerrero de nombre Leopoldo, lo había traicionado, dando al ejército enemigo los planes de batalla de Esteban. Esteban lloró cuando supo la traición de su amigo Leopoldo. Condenó la traición y lo mandó al exilio.

Esteban cambió su estrategia y salvó a sus soldados. Al vencer al ejército enemigo, las tropas de Esteban se regocijaron y celebraron su victoria, dando gracias a los dioses. El ejército derrotado acordó la paz y regresó a su tierra a lamentar su mala fortuna. Como ése era el día en que Esteban iba a casarse con su querida Alicia, todo el pueblo del rey Carlos celebró la boda en una casa muy suntuosa. Los soldados de Esteban nunca olvidaron a su valiente e inteligente héroe.

Answers to Activity 19

1. b   2. e   3. d   4. c   5. a

Activity 22

GREGORIO Hola, Patricia. Te habla Gregorio desde Los Ángeles.
PATRICIA ¿Desde Los Ángeles? Pero Gregorio, ¡ya deberías estar en Guadalajara!
GREGORIO Sí, ya lo sé, pero dile a tu tía Leonora que no voy a llegar a tiempo. Parece que van a posponer mi vuelo debido a la neblina.
PATRICIA ¡Ay, Gregorio! Así vas a perder el viaje a Puerto Vallarta con nosotros.
GREGORIO Espero que no, pues ya sabes que ir a Puerto Vallarta es uno de los sueños de mi vida.
PATRICIA Y yo tenía muchas esperanzas de enseñarte las maravillas de Jalisco.
GREGORIO Bueno, me las vas a enseñar, pero hoy no es posible. Voy a ver si puedo conseguir otro vuelo para mañana o para el fin de semana.
PATRICIA Eso es, espero que sí. Voy a decirle a mamá que hable con la agencia de viajes. Ojalá se pueda cambiar la fecha de nuestras reservaciones.
GREGORIO Gracias, Patricia. Te hablo pronto.
PATRICIA Sí, Gregorio, ¡qué lástima!, ¿eh?
GREGORIO Sí, pero, ¿qué quieres? Así es la vida. Bueno, chao, Patricia.
PATRICIA Chao, Gregorio, y no te deprimas. Espero que todo se resuelva.

Answers to Activity 22

Gregorio: (2) Espero que no..., ...uno de los sueños de mi vida.
Patricia: (4) Y yo tenía muchas esperanzas de..., Espero que sí, Ojalá se pueda cambiar..., Espero que todo se resuelva.

Activity 26

Hijos, habla su mamá. Miren, su papá y yo no vamos a poder volver del trabajo hasta muy tarde hoy. Quiero que preparen el pollo que dejé en el refrigerador. Ofelia, hija, quiero que pases la aspiradora. Y Diego, tu papá quiere que laves la ropa. Luego quiero que laven los platos y que saquen la basura. Oigan, no quiero que pasen toda la noche viendo la tele, ¿eh? Y espero que hagan la tarea. Ojalá que podamos volver antes de las diez. Bueno, ¡pórtense bien! Un beso, ¡chao!

Answers to Activity 26

La madre quiere que preparen el pollo que les dejó, que laven los platos, que saquen la basura, que no pasen la noche viendo la tele, que hagan la tarea, que pase Ofelia la aspiradora y que Diego lave la ropa. Los niños prepararon el pollo, lavaron los platos, hicieron la tarea y no pasaron la noche viendo la tele. Ofelia pasó la aspiradora. No sacaron la basura y Diego no lavó la ropa.

REPASO

Activity 1

1. —Le gusta su nuevo trabajo, ¿no?
   —Así es, pero oí que tiene que estar sentada por mucho tiempo frente a la computadora. Luego dice que le duele mucho la espalda.
   —Bueno, espero que se sienta mejor.
2. —Es muy buen fotógrafo.
   —Sí, alguien me dijo que las fotos que sacó de unas flores en el parque estuvieron lindísimas.
   —Ojalá que pueda estudiar fotografía en la universidad.
3. —Ya no trabaja en el mismo lugar. Busca un nuevo empleo. ¿Sabes por qué?
   —Según los chismes siempre se le rompían los vasos y se le caían los platos.
   —¿En serio? Espero que encuentre otro trabajo. ¡Necesita el dinero!
4. —¿Son novios ellos?
   —Supuestamente no. Pero cada vez que se ven, él hace algo tonto, como el otro día en el parque cuando se cayó.
   —Ojalá que salgan juntos. Tienen tanto en común.
5. —¿Quién es?
   —Dicen que es el nuevo estudiante. No conoce a nadie todavía. Según Ricardo, es un poco tímido.
   —Oí que alguien puso una nota en su espalda en la clase de álgebra.
   —¡Ay no! Espero que no sea cierto. No quiero que piense que todos somos así.

Answers to Repaso Activity 1

1. b; Espera que se sienta mejor.
2. ninguna foto; Espera que pueda estudiar fotografía en la universidad.
3. c; Espera que encuentre otro trabajo.
4. a; Espera que salgan juntos.
5. d; Espera que no sea cierto.

Spanish 3 ¡Ven conmigo!, Chapter 5

Scripts for Additional Listening Activities

Additional Listening Activity 5-1, p. 39

ALICIA   Las leyendas son para gente que no sabe nada, ¿no crees Enrique?

ENRIQUE   ¡Claro que no, Alicia! Las leyendas son muy importantes para conocer nuestro pasado.

ALICIA   Para eso están los libros de historia, ¿no?

ENRIQUE   ¡Qué tontería! Los libros de historia tienen que recurrir a las leyendas para explicar lo que pasó.

ALICIA   ¡Qué va! Los libros de historia son científicos y las leyendas no hacen más que mentir a la gente que no quiere estudiar científicamente la historia.

ENRIQUE   ¡Nada de eso! La historia es sólo otra manera de contar lo que pasó. No hay una sola historia, sino muchas.

ALICIA   Ay, Enrique. Tú y yo nunca vamos a estar de acuerdo en nada. Mejor hablemos del tiempo. Parece que va a llover, ¿verdad?

ENRIQUE   Eso es muy difícil. Nunca llueve en julio aquí.

ALICIA   ¿Lo ves? Pero ahora que lo pienso, estoy segura que estamos de acuerdo en una cosa.

ENRIQUE   ¿Y qué es eso?

ALICIA   ¡En que nunca vamos a estar de acuerdo en nada!

ENRIQUE   Así es, Alicia, así es.

Additional Listening Activity 5-2, p. 39

1. MARIANA   La literatura me fascina. Nos enseña muchas cosas en la vida, ¿no crees Elisa?

    ELISA   Hasta cierto punto sí, Mariana. Pero nosotros también aprendemos mucho cuando conversamos con alguien o hacemos cosas. Hay que tener en cuenta que no es lo mismo leer acerca de un excelente helado de fresa que comerte uno.

2. MARIANA   Oye Elisa, la clase de matemáticas me encanta. He aprendido mucho. ¿Qué opinas tú?

    ELISA   Así es, Mariana. Estoy completamente de acuerdo que la profesora Aguilar es excelente.

3. MARIANA   Saliendo de la escuela, quiero ir a la tienda de discos. Quiero comprar el último disco compacto de Maná. Son el mejor grupo de rock en español.

    ELISA   ¡Nada de eso! El mejor grupo de rock en español es La Guitarra de Bronce.

4. MARIANA   Elisa, ¿tú crees en los OVNIS?

    ELISA   Es muy difícil de creer, pero es posible que existan. La galaxia es muy grande, ¿no?

5. MARIANA   Me encantan las tartas de chocolate, ¿y a ti, Elisa?

    ELISA   Por supuesto que sí. Vamos a comprar una.

6. MARIANA   Aquí dice que para el siglo veintiuno vamos a tener que construir ciudades debajo de la tierra o encima de los océanos. Tú, ¿cómo lo ves?

    ELISA   Bueno, puede ser, pero también es posible pensar que eso no va a ser necesario. Depende de tu punto de vista.

Additional Listening Activity 5-3, p. 40

INDISCRETA   Buenas noches, amigos. Les habla Indiscreta Islas en su programa Los Chismes de las Estrellas. Se cree que la cantante de rock Mariana Mariana se va a casar con el jugador de fútbol español el Buitre Rivalta. De ser cierto el chisme, ésta va a ser la boda del año.

INDISCRETA   Se dice que la hermosa cantante argentina Morocha va a ser la primera actriz en la telenovela venezolana Esmeralda. ¡Buena suerte para Morocha!

INDISCRETA   El director de cine español Manolo Truebo dijo que en junio iniciará su nueva película sobre Hernán Cortés. ¡Felicidades!

INDISCRETA   La actriz mexicana Lucía Durán dijo que va a grabar su primer disco con música de mariachi en julio. ¡Ojalá le salga bien!

INDISCRETA   Cuentan que el cantante ecuatoriano Fabricio va a hacer una gira por España este año. ¡Buen viaje, Fabricio!

INDISCRETA   Alguien me dijo que el cantante nicaragüense Magdiel Castillo va a presentarse en Miami este mes. Nos vemos ahí, Magdiel.

INDISCRETA   Según los chismes, el compositor Anselmo Libreto y su esposa Lisette tienen dificultades matrimoniales y se cree que pronto van a divorciarse. Por hoy eso es todo. Buenas noches y hasta la próxima semana. Se despide, Indiscreta Islas.

Additional Listening Activity 5-4, p. 40

RICKI Elena, qué película tan emocionante. ¿Me das un pedazo de pizza?

ELENA No, pizza ya no hay. Oye, no me gustan las partes de guerra. Quiero que la guerra termine pronto.

RICKI Yo creo que la guerra no va a terminar pronto. Apenas acaban de declararla. Escucha, ¿no tienes unas papas fritas, entonces? ¡Espero que tengas algo de comer!

ELENA Ay, estoy muy nerviosa. Espero que los héroes derroten a los malvados. Y no, Ricki, no hay papas fritas tampoco. Se me acabaron.

RICKI ¡Qué lástima! ¿Sabes?, el sueño de mi vida es vivir en un supermercado para no tener que pasar un solo día sin pizza. ¿Qué tal si busco en el refrigerador? ¿No se enoja tu papá? Ojalá que haya ...mmm... helado de chocolate. Eso es. Helado.

ELENA Ojalá que la diosa Atenas los ayude a derrotar al enemigo.

RICKI Ay, Elena. La diosa siempre ayuda a los buenos. Mira, cuando me invitaste a ver un video, tenía muchas esperanzas de divertirme, pero si no hay nada en la cocina...

ELENA Sí, sí, Ricki. Quiero que los héroes celebren la boda pronto.

RICKI Ay, Elena, yo también. Pero mira, la heroína y el héroe siempre terminan casándose. ¿Para qué esperamos? ¡Mejor apaga el televisor y vamos a la Hamburguesa Infinita porque si no, ¡me quedo muerto!

ELENA ¿Qué pasa, Ricki? Espero que no me digas que tienes hambre otra vez!

Additional Listening Activity 5-5, p. 41

JORGE Hola, mi nombre es Jorge Espinoza. Dicen que construir casas es muy bonito. Yo espero estudiar arquitectura y construir muchas casas.

JULIA Hola, me llamo Julia Montero. Oí que la guerra es el peor enemigo de la humanidad. Yo tengo muchas esperanzas de ser una política al nivel internacional. Así podré ayudar a acordar la paz entre todos los países del mundo para que no haya más guerras.

PEDRO Hola, me llamo Pedro Domínguez. Se dice que la danza es la diversión favorita de los dioses. El sueño de mi vida es ser un bailarín. Tengo muchas esperanzas de bailar con las compañías de ballet más famosas del mundo.

RAQUEL Hola. Yo soy Raquel Hernández. Alguien me dijo que los guerreros del aire son importantísimos en la victoria. Por eso, el sueño de mi vida es ser piloto de aviones de guerra. Voy a ir a estudiar para piloto en el ejército. Espero poder volar los mejores aviones de guerra.

ÓSCAR Hola, ¿qué tal? Soy Óscar Buenrrostro. Para mí, no hay nada más importante que el buen vivir. Quiero ser cocinero para la Casa Blanca, para el Presidente y su familia. Mi sueño es ayudar a la gente de la Casa Blanca a regocijarse en las ocasiones especiales, por ejemplo, cuando celebran una boda oficial o acuerdan la paz después de vencer a un ejército enemigo.

Additional Listening Activity 5-6, p. 41

TANYA Imagina que alguna hada madrina puede hacer realidad todos tus deseos, Pablo. ¿Qué le pedirías?

PABLO Y..., no sé, Tanya. El sueño de mi vida es ser cantante de ópera. Pero yo sé que puedo llegar a serlo si trabajo duro.

TANYA Entonces, ¿qué otro deseo tienes?

PABLO Bueno, cuando era niño, una de mis grandes ambiciones era ser futbolista. ¡Quería llegar a ser un futbolista tan famoso como el Buitre Rivalta! Pero ahora ya no me gusta el fútbol.

TANYA Está bien. ¿Qué te gusta ahora? ¿Qué es lo que deseas?

PABLO Tengo muchas esperanzas de ser actor. Sí. Me encantaría salir en una película como un guerrero muy valiente y poder celebrar la victoria y todo eso.

TANYA Entonces, ¿tú le pedirías a esa hada madrina que te hiciera un actor famoso?

PABLO Sí, creo que sí.

TANYA No pierdas la esperanza. Ya tienes mi voto.

PABLO ¿Sí? ¿Por qué?

TANYA Por ese cuento que le hiciste a la señora Güemes cuando te pidió la tarea ayer antes de salir para el viaje. ¡Vaya actor! Te ganaste un Oscar®!

Answers to Additional Listening Activities

Additional Listening Activity 5-1, p. 39

1. Alicia   2. Enrique   3. Alicia   4. Enrique

Additional Listening Activity 5-2, p. 39

	Total agreement	Qualified agreement	Total Disagreement
1.		✔	
2.	✔		
3.			✔
4.		✔	
5.	✔		✔
6.		✔	

Additional Listening Activity 5-3, p. 40

	Fact	Speculation
1.		✔
2.		✔
3.	✔	
4.	✔	
5.		✔
6.		✔
7.		✔

Additional Listening Activity 5-4, p. 40

1. Elena
2. Ricki
3. Elena
4. Ricki
5. Ricki
6. Ricki
7. Elena

Additional Listening Activity 5-5, p. 41

Answers may vary. Possible answers:
1. Jorge: Espera estudiar arquitectura y construir muchas casas.
2. Julia: Tiene muchas esperanzas de ser una política a nivel internacional.
3. Pedro: El sueño de su vida es ser bailarín.
4. Raquel: El sueño de su vida es ser piloto de aviones de guerra.
5. Oscar: Su sueño es ayudar a la gente de la Casa Blanca en ocasiones especiales.

Additional Listening Activity 5-6, p. 41

Answers may vary. Possible answers:
1. ser cantante de ópera
2. ser un futbolista famoso algún día
3. ser actor

LISTENING ACTIVITIES · SCRIPTS & ANSWERS

PRIMER PASO

Activity 6

—Oye, Pilar, ¿sabes algo sobre Remedios Varo?
—Sí, claro, es mi artista favorita. Pinta cuadros surrealistas bien padres.
—¿Es mexicana?
—Nació en España pero hizo su carrera artística aquí en México.
—Hablando de España, ¿qué me cuentas de Joan Miró? ¿También era un pintor surrealista?
—No. Él era más bien un pintor abstracto. Salvador Dalí, ése sí era surrealista. ¿Has visto algo de Dalí?
—Sí, conozco algunos de sus cuadros. Pintó muchos relojes. Creo que los críticos describen su arte como fotografías de sueños.
—Ah, eso me recuerda. Tenemos que pintar algo que soñamos.
—Oye, cambiando de tema, ¿cuándo es el examen de matemáticas?
—¡Híjole, se me había olvidado! ¡Es mañana!

Answers to Activity 6
Cambian de tema cuatro veces.

Activity 8

Conversación 1
—Joaquín, ven acá. Son las cuatro. Es la hora de ensayar tus lecciones de piano, ¿no?
—Pero papá, hoy hace buen tiempo. Iba a salir a jugar al fútbol un rato.
—Joaquín, el ejercicio es importante, pero ya sabes que si no tocas el piano todos los días no aprendes nada.
—Bueno, bueno, papá. De acuerdo.

Conversación 2
—Ay, Joaquín... ¡esta clase me tiene tan frustrada!
—¿Por qué, Cristina? La clase es muy divertida.
—Para ti, sí. Pero para mí, no. No tengo talento y nada de lo que escribo me sale bien. Mis cuentos y poemas son horribles.
—Tranquila, Cristina. No es necesario tener mucho talento para sacar provecho de la clase. Sólo hay que leer las obras clásicas y crear tus propios cuentos.

Conversación 3
—Leí en el periódico esta mañana que la ciudad va a gastar cien mil dólares en una estatua para el Centro Infantil.
—¿Y qué? Me parece muy bien.
—Pero hija, cien mil dólares es mucho dinero, ¿no crees? Con esa cantidad, se pueden arreglar escuelas o construir un parque nuevo...
—No, papi... no estoy de acuerdo. Me parece que hay que cultivar en los niños el interés por las artes. Es una parte importantísima de su educación. Además, la escultora es muy buena.

Conversación 4
—Oye, Joaquín, esta noche vamos a un concierto de la orquesta. ¿Nos quieres acompañar?
—Gracias, Alicia, pero... no. No sé nada de las sinfonías.
—Hombre, no seas tonto. ¿Eso qué importa? Sólo hay que escuchar... ¡y disfrutar!
—Quizás tengas razón.

Answers to Activity 8
1. música   2. literatura   3. escultura y pintura   4. música.

Activity 10

1. Es necesario que sepas quiénes tienen más talento para la danza.
2. Para conservar el medio ambiente es importante que recicle la basura.
3. Hace falta que utilice más colores en este cuadro.
4. Para mantener la salud es necesario que hagas ejercicios todos los días.
5. Es importante que aprenda acerca del arte antiguo antes de estudiar el arte contemporáneo.
6. Para tocar el piano como un maestro hace falta que practiques ocho horas diarias.
7. Es necesario que apoyes al grupo de teatro.
8. Para participar en la exhibición hace falta que pinte tres cuadros más.

Answers to Activity 10
1. Tere   3. ella misma   5. ella misma   7. Tere
2. ella misma   4. Tere   6. Tere   8. ella misma

Activity 12

Comentario 1
El próximo mes tenemos que leer dos obras de Shakespeare. ¡Qué pesado! Francamente, las obras de Shakespeare no me interesan mucho pero es importante leerlas.

Comentario 2
Me gusta ir a la casa de mi amigo Benito para escuchar música porque tiene una colección increíble de discos compactos. Anoche escuchamos unos discos de música de África, y me enseñó a bailar merengue. ¡Fue genial! Me encanta la música afrocaribeña.

Comentario 3
El año pasado, el director de nuestro colegio decidió poner una estatua en el patio. El único problema es que la estatua es horrible. Hay que verla... no sé si es hombre, pájaro, gorila, o qué. Para ser sincero, me parece la cosa más fea que jamás haya visto.

Comentario 4
Hace poco mi amiga Nuria empezó a tomar clases de pintura. En mi cumpleaños, me regaló un cuadro para mi habitación porque sabe que admiro mucho su arte. ¡Pinta muy bien!

Comentario 5
Anoche fui con mi amigo Javier a ver una nueva película de ciencia ficción. Era sobre varios planetas en guerra. Hubo unos efectos especiales buenos. No me pareció muy original ni interesante.

Comentario 6
A mi amiga Victoria le gusta la música y siempre va a muchos conciertos. Bueno... el otro día me invitó al estreno de un nuevo grupo musical. Se llaman "Los chimpancés locos". Para decir la verdad, los encontré insoportables.

Answers to Activity 12
1. negativa   2. positiva   3. negativa   4. positiva   5. indiferencia   6. negativa

Activity 18

Conversación 1
—Carlo Antonio es la estrella del momento. Su canción "Tú no sabes y yo tampoco" está en el primer lugar de las listas de popularidad en todo el país. Carlo Antonio, ¿cantar es tu razón de vivir?

—No, a mí me gusta más componer canciones. Cantar es una manera de ganarme la vida, pero yo soy más un compositor.

—Entonces, Carlo Antonio, ¿no has realizado tus sueños?

—No, la verdad no. Yo quiero hacer muchas cosas.

—¿Haces ejercicio?

—Casi nunca.

—¿Cómo describirías un día perfecto?

—Un día en el que pueda escribir canciones y compartir el día con mi familia y mis amigos.

—¿Cómo es un día normal para ti?

—Igual que mi día perfecto.

Conversación 2
—Claudia es la reina de la música ranchera y acaba de presentar su nuevo disco, con el título "Las canciones de mi abuelo." Claudia, ¿cantar es tu razón de vivir?

—Por supuesto que sí. Cantar es lo más importante en mi vida.

—¿Has realizado todos tus sueños?

—La mayoría de ellos, pero todavía sigo soñando. Quiero llevar la música ranchera a los más apartados rincones del mundo y también gozar de buena salud toda mi vida.

—¿Haces ejercicio?

—Sí, me gusta muchísimo. Me encantan los deportes acuáticos. Pasear en velero es un deporte muy divertido.

—¿Cómo es un día perfecto?

—Mira, lo único que pido es que sea un día en el que pueda dormir lo necesario. Por lo general, con tanta actividad, no puedo dormir lo suficiente.

—¿Cómo es un día normal para ti?

—No hay días normales para mí, excepto cuando estoy de gira y tengo que viajar todo el tiempo. Lo único normal es que casi no duermo.

Answers to Activity 18
Claudia

SEGUNDO PASO

Activity 21

1. ¡Qué lata! No tenemos coche esta semana y queremos ir de compras antes de ir a Guadalajara. ¿Sabes a qué hora pasan los autobuses?
2. Vamos a vernos con nuestras amigas Ann y Judith en la ciudad, pero no sabemos dónde. ¿Tienen alguna idea?
3. Todo está listo para el viaje. El equipaje, los boletos de avión y los regalos. ¿Es todo?

4. La cantante Claudia y el Mariachi El Jarabe van a dar un concierto en el Teatro Regional. ¿Crees que alcancemos a comprar boletos en la taquilla?
5. Llevamos tres maletas grandes, dos maletas pequeñas y una caja. ¡Y eso que todavía no empacamos los regalos!

Answers to Activity 21
1. b   2. d   3. e   4. a   5. c

Activity 25

Conversación 1
—Sara, a ti te gusta la música, ¿verdad?
—Sí, claro. ¿Por qué?
—Bueno, verás. Mi tío es músico en la orquesta municipal y me dio dos entradas para el concierto de Mozart este sábado. ¿Te gustaría ir?
—Ay, Humberto, gracias... pero el sábado ya tengo planes. Tal vez otra noche, ¿de acuerdo?

Conversación 2
—Éstas son las vacaciones más aburridas que he pasado en mi vida. No hay nada que hacer.
—Ay, Miguel, no te quejes. Para mí, estar descansando en casa viendo la tele son las mejores vacaciones. Oye, son casi las dos. Si quieres vamos al cine a la función de la tarde. Podemos ver el estreno de la película de Carlos Saura.
—No tengo ganas de ir. Estoy harto de ver películas. Mejor vamos a comer algo. Tengo hambre.

Conversación 3
—Oye, Laura, ¿ya tienes planes para esta noche?
—¿Por qué lo preguntas?
—Bueno, hay una nueva comedia en el Teatro Carpa. ¿Por qué no vamos a verla?
—Pues... me gustaría ir al teatro, pero tengo muchas cosas que hacer. Mejor lo dejamos para otro día.
—Como tú digas.

Conversación 4
—Oye, Ricardo... ¿te acuerdas de la tarea de la clase de arte? Ir a un museo y escribir una composición sobre alguna obra de arte.
—Claro que me acuerdo, pero no tengo la menor idea de cómo la voy a hacer. No sé nada de arte y no me gustan los museos.
—Bueno, no te preocupes. Mi prima Rosa trabaja en el museo de arte, y ella dice que puede darnos una visita guiada al museo y explicarnos qué tienen allí.
—Regio. Sería bueno ir pronto, ¿no?
—Sí, sí. Vamos mañana por la tarde.
—Perfecto. Hasta luego.

Answers to Activity 25
1. No; Ya tiene planes.   2. No; Prefiere comer algo.
3. No; Va a hacer muchas cosas.   4. Sí.

REPASO

Activity 1

Versión 1
—Hola, Shoji... ¿qué haces?
—Nada, pues. Estamos jugando un poco al fútbol para mantenernos en forma. ¿Quieres jugar un rato? Necesitamos un golista.
—Gracias, Shoji, pero ahora no puedo. Voy al concierto de la Orquesta Sinfónica.
—No sé como soportas la música clásica. A mí me cae muy gorda.
—Ja, ja. Mira, Shoji, te recomiendo que escuches un poco de música clásica antes de formar una opinión.
—No tengo ganas de perder el tiempo así. Oye, cambiando de tema, ¿qué has oído de Lupita?
—¿Lupita Vicencio? ¿No sabías? Ya es toda una artista. Tiene una exposición en la Casa de la Cultura este fin de semana.
—Ahora, sí eso es otra cosa. Si quieres vamos juntos.
—¿A ver las pinturas?
—¡Hombre!, a ver a Lupita. Eso sí que no sería mala idea.

Versión 2
—Hola, Ricardo, ¿cómo estás?
—Hola, Shoji.
—¿Quieres jugar al fútbol con nosotros? Necesitamos un delantero.
—Claro que sí, Shoji. Tuve un día terrible. Tomé un taxi para ir al concierto de la sinfónica pero los boletos estaban agotados.
—¿Te gusta la música clásica?
—La encuentro maravillosa. Admiro mucho a los compositores de música clásica. ¿A ti también te gustan, Shoji?
—No, para decir la verdad, no la soporto. A mí me gusta el rock. A propósito de rock. ¿Conoces a Lupita?
—Sí, claro. ¿Qué me cuentas de ella?
—Pues ella está en un grupo de rock y tocan mañana en el teatro municipal.
—¿De veras?
—Sí, ¿quieres ir? Yo ya tengo boletos.
—Pero a mí el rock me deja frío. No me gusta.
—Ni hablar, tú te lo pierdes.

Answers to Activity 1
La segunda versión corresponde a la ilustración.

Additional Listening Activity 6-1, p. 47

MARGO   Susana, ¿has leído algo del muralista mexicano José Clemente Orozco?

SUSANA   Sí, Margo. Y para decir la verdad, los muralistas mexicanos me parecen muy convencionales. Me gusta más la pintura de Xul Solar, por ejemplo.

MARGO   Cambiando de tema, Susana, ¿qué me dices del grupo de danza clásica de la escuela? ¿Sabes que Jorge y Daniel son parte del grupo de bailarines?

SUSANA   ¿De veras? No sabía. Me parece formidable. Hablando de la escuela, Margo, ¿qué me cuentas del grupo de música clásica que van a iniciar este verano. Yo voy a tocar la flauta y Mariana el violín.

MARGO   Genial. Eso me recuerda que la escuela va a patrocinar una exhibición de esculturas del grupo de artes plásticas en el otoño.

SUSANA   ¡Qué maravilloso! A propósito de la exhibición, ¿has oído algo de la estudiante de la escuela que ganó el premio de artes gráficas del estado?

MARGO   Sí, soy yo.

SUSANA   ¡Maravilloso! ¡Felicidades!

Additional Listening Activity 6-2, p. 47

FERNANDO   Bienvenidos, amigos a su programa de comentarios: El arte para los no artísticos. Los saludamos, como todos los viernes, Fernando Giralda...

ÁNGEL   Y Ángel Fermín. Aquí les vamos a decir qué es lo bueno y lo malo en el mundo del arte. Empecemos con la música. Alejandro Landa va a dar un concierto de rock en el auditorio municipal este fin de semana.

FERNANDO   Para decir la verdad, Ángel, no soporto a Alejandro. Tiene una voz horrible y su música no es original. Es como el rock de los sesenta.

ÁNGEL   Tienes razón, Fernando. Sus conciertos son puro teatro y no tienen nada de música. Oye, a propósito, ¿qué me cuentas de la obra de teatro *La Tempestad*, que está presentando el Club de Teatro Clásico en la sala Simón Bolívar?

FERNANDO   La encuentro genial. El Club Universitario está presentando una serie de obras maestras de autores como Shakespeare y Lope de Vega.

ÁNGEL   Cambiando de tema, ¿qué me dices de la exposición de cuadros de Gabriel Macotela que abre este fin de semana en el Museo de Arte Moderno?

FERNANDO   Admiro mucho la pintura de Macotela. Me parece formidable.

ÁNGEL   Gabriel es un pintor muy imaginativo y original, ¿verdad?

FERNANDO   Hablando de artistas buenos, ¿qué te parece la nueva película del director español Emilio Truebo, *Al pan, pan y al vino, vino*?

ÁNGEL   La verdad, las películas de Truebo me dejan frío.

FERNANDO   Estoy de acuerdo. Truebo es un director realista, pero a esta película le falta creatividad.

ÁNGEL   Muy bien, Fernando, se nos terminó el tiempo. Es todo por hoy, nos despedimos de ustedes, sus amigos...

FERNANDO   Fernando Giralda.

ÁNGEL   Y Ángel Fermín.

FERNANDO   Hasta la próxima semana.

Additional Listening Activity 6-3, p. 48

ABUELA   Lola, te gusta la pintura, ¿verdad?

LOLA   Sí, abuelita. Yo quiero ser una pintora.

ABUELA   Muy bien, para ser una pintora, es importante que estudies todas las artes visuales, como la escultura, la arquitectura y el diseño.

LOLA   Claro, abuelita. Además, tú has visto que las computadoras van a ser muy importantes para una pintora del futuro, ¿no crees?

ABUELA   Sí, claro que sí, Lola. Pero no olvides las técnicas antiguas. Es necesario que sepas cómo preparar los colores y combinarlos con un pincel también y no sólo por computadoras. El contacto físico con la tinta es importante.

LOLA	Ya entiendo, abue. Pero a mí me gusta pintar en computadoras.
ABUELA	Eso está bien, hija, pero hace falta que aprendas a pintar sin usar la computadora. Las computadoras son un invento muy nuevo y ni Frida Kahlo ni Remedios Varo pintó con computadoras, ¿verdad?
LOLA	Tienes razón, abuelita.

Additional Listening Activity 6-4, p. 48

ANTONIO	A ver, aquí dice que hay que marcar el 1-800-TELOCIO.
GRABACIÓN	Bienvenido a su guía telefónica del ocio. Si quiere usted saber los horarios del cine marque uno; los horarios del teatro, marque dos; los horarios de las exhibiciones de pintura, marque el tres...
ANTONIO	El dos.
GRABACIÓN	Telocio le recomienda que vaya a ver la nueva obra de teatro de la escritora Carmen Madrigal, *La escalera*, en el Teatro Colón. La obra se presenta a las 6:00 y a las 10:00 pm. Le sugerimos que llegue una hora antes de la función. El Teatro Colón está en la calle Violetas, número 25, en el centro de la ciudad. No le conviene viajar en coche al teatro; es mejor que tome un taxi o el metro hasta la estación Degollado. Si quiere cenar algo antes o después de la función, le sugerimos que vaya a la Fonda de San Juan, en la calle de Violetas, número 13, o a la Hacienda de Los Morelos, en la calle de Geranio, número 51. Sería mala idea que lleve su cámara fotográfica porque no la puede usar durante la función. Si quiere usted regresar al menú principal, marque cero. Gracias por consultar su guía del ocio.
ANTONIO	Muy bien, a tomar el metro a la estación Degollado.

Additional Listening Activity 6-5, p. 49

KARLA	Hola, Vicente, yo sé que a ti te gusta la pintura. Y sabes que hay una exposición de Gabriela Castro este sábado en el centro. Quería saber si tenías ganas de acompañarme. Será muy divertido.
VICENTE	Ay, muchas gracias, Karla. De veras, me gustaría ir. Lo siento, pero lo que pasa es que ya tengo otros planes para el sábado en el día. Gracias por invitarme de todas maneras.
KARLA	Hola Victoria. ¿Cómo te va? Oye, te quería hacer una pregunta. No sé si sabías, pero este sábado en el centro va a haber una exposisión de Gabriela Castro. Y ahora estoy buscando alguien que me acompañe. ¿Quieres ir?
VICTORIA	Eso es muy amable de tu parte, Karla. Lo único es que tengo muchas cosas que hacer el sábado. ¿Por qué no lo dejamos para dentro de un mes?
KARLA	Ya no va a estar. ¿Qué dices tú, Virginia? Hay una exposición en el centro este sábado que quiero ver. ¿Me acompañas?
VIRGINIA	Cuenta conmigo, Karla. Gracias por invitarme. ¿A qué hora nos reunimos?
KARLA	Oye, Víctor, Virginia y yo vamos al centro este sábado a ver la exposición de Gabriela Castro. ¿Te animas a ir con nosotras?
VÍCTOR	Gracias, Karla, pero francamente nunca me gustó el arte de Castro y no tengo ganas de ir a la exposición. ¡Pero que les vaya bien!

Additional Listening Activity 6-6, p. 49

PACO	Oye, Ana. ¿Te gustaría ir al teatro este sábado?
ANA	Gracias por invitarme, Paco, pero no puedo. Además, ya fuimos al teatro la semana pasada.
PACO	Entonces, vamos al concierto de rock el viernes por la noche.
ANA	No tengo ganas de ir, Paco. Me gusta más un concierto de música clásica, pero a ti te parecen insoportables.
PACO	Sería buena idea ir al cine en cambio, ¿qué piensas?
ANA	Muy bien, vamos al cine el viernes en la noche. Quiero ver la película de Emilio Truebo.
PACO	Perfecto. ¿Te parece que vayamos al ballet folklórico el próximo domingo?
ANA	¿Por qué no lo dejamos para el mes próximo. A mí me gusta más la danza contemporánea.
PACO	¿Y qué te parece si vamos a bailar el domingo, entonces?
ANA	Encantada, Paco. Ya sabes que me encanta bailar. Podemos invitar a nuestros amigos. ¿Vale?
PACO	Vale.

Answers to Additional Listening Activities

Additional Listening Activity 6-1, p. 47

1. Orozco: Margo
2. Grupo de danza clásica: Margo
3. Grupo de música clásica: Susana
4. Exhibición de esculturas: Margo
5. Estudiante que ganó el premio: Susana

Margo y Susana cambiaron de tema __4__ veces.

Additional Listening Activity 6-2, p. 47

1. Concierto de Alejandro Landa: opinión negativa
2. *La Tempestad* de Shakespeare: opinión positiva
3. Cuadros de Gabriel Macotela: opinión positiva
4. Película de Emilio Truebo: opinión negativa

Additional Listening Activity 6-3, p. 48

1. b
2. c
3. b

Additional Listening Activity 6-4, p. 48

1. falso
2. falso
3. falso
4. cierto
5. falso

Additional Listening Activity 6-5, p. 49

1. Vicente: no aceptó la invitación
2. Victoria: no aceptó la invitación
3. Virginia: aceptó la invitación
4. Víctor: no aceptó la invitación

Additional Listening Activity 6-6, p. 49

1. teatro: Paco
2. concierto de rock: Paco
3. cine: Paco
4. ballet folklórico: Paco
5. bailar: Paco

Ana no quería ir al teatro, al concierto de rock, ni al ballet folklórico.

PRIMER PASO

Activity 6

1. —¡Estoy en la gloria! ¡No lo puedo creer!
   —¿Por qué? ¿Qué pasó?
   —¡Mis papás me compraron un coche en mi cumpleaños! ¿Quieres verlo?
2. —Me alegro de que nos casemos. No puedo esperar el día de la boda.
   —Yo también. Estoy muy contenta.
3. —¿Qué tal, Concha? ¿Estás bien?
   —Me siento frustrada. Trabajo mucho pero la profesora siempre me pone siete en los exámenes de química. ¿Qué me aconsejas hacer?
4. —¡Laura! ¡Mi prima favorita! ¡Me alegro de que estés aquí!
   —¡Gusto de verte, Enrique! Y tú, ¿cómo estás?
5. —¿Recibiste muchas cartas?
   —Sí, una carta de mi primo y otra de un amigo de la Argentina.
   —Estoy desilusionado... nadie me escribe.

Answers to Activity 6
1. b   2. d   3. none   4. a   5. c

Activity 11

1. ¡Estoy contentísimo! ¡Tuve un malentendido con mi mejor amigo! Ya no nos hablamos.
2. Estoy dolida porque mi hermana ha dejado de hablarme. Era mi mejor amiga. Ahora ¿con quién voy a hablar?
3. ¡Estoy en la gloria! ¡Mi novio y yo vamos a reconciliarnos! No nos vimos durante dos semanas pero ahora estamos más contentos que nunca.
4. Estoy de buenas porque hay rumores sobre mí en la escuela. Me encanta cuando la gente cuenta mentiras sobre mí. Mis mejores amigos lo hacen.
5. Estoy desilusionado porque mi mejor amigo está chismeando sobre mí. Lo consideraba un buen amigo pero ahora veo que no lo es.

Answers to Activity 11
1. ilógica   2. lógica   3. lógica   4. ilógica   5. lógica

Activity 13

1. Los abuelos no están seguros si van a visitarnos la semana que viene. Espero que vengan. Hace mucho que no los veo.
2. Hace mucho tiempo que Carlos y Reinita no se hablan. Dejaron de hablarse hace un mes. Ojalá que hayan hecho las paces porque quiero invitarlos a la fiesta.
3. Me duele mucho que mis amigos me hayan dejado plantado en el cine. ¿Por qué no pudieron llamarme?
4. El profesor está muy orgulloso de que todos hayamos salido bien en el examen de final de curso.
5. María y José han tenido un malentendido. Esperamos que pronto resuelvan el problema. Son muy buenos amigos y no quiero que se peleen.
6. Mis padres y yo estamos muy decepcionados de que mis hermanos ya no se hablen.

Answers to Activity 13
1. c   2. d   3. b   4. b   5. c   6. a

Activity 18

1. El tiempo resolverá todo. Espera mucho tiempo antes de discutir el problema. Debes esperar por lo menos dos meses, especialmente si es tu amiga la que tiene la culpa.
2. Si hiciste algo malo, sé adulto y admítelo. Esto te ayudará a hacer las paces con tu amigo.
3. Cálmate bien antes de hablar con tu amiga. Si todavía estás enojada, puedes ofenderla aún más.

4. Toma la mayor parte de la discusión con tus opiniones. No tomes tiempo para escuchar lo que dice tu amigo; lo que él quiere decirte no importa para nada.
5. Si tu amigo viene para discutir el problema, no hables con él. ¿Para qué discutirlo si tú sabes que tienes razón?

Answers to Activity 18
1. no   2. sí   3. sí   4. no   5. no

SEGUNDO PASO

Activity 23

1. —Estoy muy triste porque mi gatito murió ayer.
   —Mi más sentido pésame. ¿Qué puedo hacer por ti?
2. —Me dijiste una mentira. Somos amigas. ¿Por qué me tratas así?
   —Perdóname, Chely. No lo haré más, te lo prometo.
3. —No me interrumpas cuando estoy hablando. Tú sabes que eso me ofende, Rafael.
   —Discúlpame, no lo volveré a hacer. ¿Qué decías?
4. —¡Rompiste mis anteojos! ¡Ahora no puedo ver y tengo que jugar al tenis esta tarde!
   —¡Lo hice sin querer, Ana. Lo siento mucho.
5. —Mis padres me han dicho que no puedo salir de casa por un mes entero porque el profesor de historia me puso "cuatro" en el examen.
   —No te preocupes. No hay mal que por cien años dure. Vas a tener más tiempo de estudiar, y todavía podemos hablar por teléfono.

Answers to Activity 23
1. consuelo   2. disculpa   3. disculpa   4. disculpa   5. consuelo

Activity 28

1. Buscamos a la profesora de idiomas que habla alemán. Dicen que es la mejor profesora de la escuela. ¿Sabes dónde está?
2. Queremos amigos y amigas que sean amables. Preferimos personas que sean honestas y que tengan una personalidad buena.
3. Tengo un primo que vive en tu ciudad. Es alto, moreno y muy guapo y se llama Rafael. ¿Lo conoces?
4. Necesito un amigo que tenga una casa en Hawai porque quiero ir a Hawai este verano y no tengo dinero para un hotel.
5. Busco un novio que venga de Marte. Es importante que sea simpático también.

Answers to Activity 28
1. sí   2. no   3. sí   4. no   5. no

REPASO

Activity 1

1. Mi perrito Chachi murió anoche. De veras lo consideraba un buen amigo.
2. ¡Mis padres acaban de darme un carro nuevo! No me lo puedo creer. ¿Quieres verlo?
3. ¿Se te perdieron las llaves de mi coche? No te voy a prestar nada más; siempre lo pierdes todo.
4. Lo siento mucho, pero no puedo ir al cine contigo esta noche. Tengo un examen en mi clase de ciencias naturales y tengo que estudiar.
5. No puedo ir a tu fiesta; estoy enfermo y voy a quedarme en casa para dormir. Lo siento mucho.

Answers to Repaso Activity 1
Answers will vary; correct expressions will fall under the following categories:
1. consuelo
2. felicidad
3. desilusión
4. desilusión
5. desilusión *or* consuelo

Scripts for Additional Listening Activities

Additional Listening Activity 7-1, p. 55

1. DELIA Martes, 3 de marzo. Querido diario, hoy fue un día maravilloso. ¡Estoy en la gloria! Ayer recibí una carta de la universidad. ¡Voy a entrar al programa de ingeniería aeronáutica de la universidad! ¡Estoy feliz!

2. DELIA Miércoles, 4 de marzo. Querido diario, siguen las buenas noticias. Ayer me dijo mi profesor de matemáticas que tengo la más alta calificación de toda la clase. ¡Estoy de buen humor! Lo que pasa es que me duele mucho que mi amiga Ana esté enojada. Es porque está celosa.

3. DELIA Jueves, 5 de marzo. Querido diario, mi mamá y mi papá están muy orgullosos de mí porque voy a ir a la universidad a estudiar ingeniería. Ellos quieren hacer una fiesta con todos mis amigos y familiares para mi graduación. ¡Te imaginas! ¡Va a ser maravilloso!

4. DELIA Viernes, 6 de marzo. Querido diario, hoy me llamó por teléfono mi prima Mariana desde España para felicitarme y para decirme que ella también va a venir a mi fiesta de graduación. Me encanta que venga Mariana porque la quiero mucho y es mi mejor amiga. De todas maneras estoy decepcionada porque no puede venir mi tía Alicia. Hace dos años que no la veo.

Additional Listening Activity 7-2, p. 55

CAROLINA Ay, Amalia. Jorge está muy decepcionado. Su amigo Javier no lo saludó hoy en el corredor. ¡Te imaginas! ¡Después de ser amigos por tantos años! Me dijo que le dieron ganas de llorar.

AMALIA ¡Qué barbaridad, Carolina! Pero Javier debe estar muy dolido. Jorge es muy competitivo. No le quiso prestar sus apuntes para el examen de química. Javier debe estar muy desilusionado también.

CAROLINA Hablando del examen de química. ¿Supiste que Maribel sacó la mejor nota en el examen de química?

AMALIA No.

CAROLINA Sí, Maribel estaba contentísima. Se sentía en la gloria. Me alegro que esté contenta.

AMALIA Oye, ¿y qué tal Francisco? Estaba de buen humor hoy. ¿Qué le pasaba?

CAROLINA Es que su amigo de Francia, Eric, vino a visitarlo.

Additional Listening Activity 7-3, p. 56

1. ALBERTO Ayer perdimos el campeonato de fútbol. El equipo de los rayos nos derrotó 5-0. ¡Uf!
   MARIO Hablando del fútbol, Alberto, ¿viste el partido entre los vaqueros y los pingüinos? Estuvo magnífico. Ganaron los pingüinos.

2. ANA Mi abuelo murió ayer. Me siento muy triste. Tengo ganas de llorar.
   MARÍA Ay, Ana. Mi más sentido pésame. ¿Cuántos años tenía?

3. PABLO Tengo mala suerte. Hoy mi novia me dijo que quiere romper conmigo.
   MARTÍN No te preocupes, Pablo. Esto pronto pasará.

4. ELENA Marcela está enojada conmigo. Ya no quiere hablarme.
   ESTRELLA Hablé con Marcela esta tarde. Es cierto. Ya no quiere hablarte. ¿Qué le hiciste?

5. SIMÓN Tengo que estudiar para el examen de mañana y con tantos problemas no me siento con ganas de estudiar. ¿Qué hago?
   GRACIELA Tranquilo, Simón. ¿Por qué no vamos a salir a comer? Conozco un buen restaurante y luego te puedo ayudar a estudiar.

Additional Listening Activity 7-4, p. 56

SARA Bueno, ¿qué problema quieren discutir ustedes? Comienza, Mariana.

MARIANA Mira, Sara. Roberto me tiene completamente enojada. Una de mis amigas me dijo que lo vio a él con otra chica en un restaurante.

SARA ¿Es verdad, Roberto?

ROBERTO Bueno... este... Ay Mariana, tus amigas son todas chismosas. ¿Por qué les tienes que creer todo lo que te dicen? Nunca he sido infiel contigo.

MARIANA Estás mintiendo. Y además, ésta no es la primera vez que te vieron con otra chica.

ROBERTO Mariana, me insultas con estas ideas que tienes.

MARIANA ¡Ja!

SARA Bueno, tranquilos. A ver, Mariana, ¿qué es lo que te hace creer que Roberto está mintiendo?

MARIANA Es que creo que me está guardando secretos. Siempre cuando habla por teléfono y yo entro en el cuarto, deja de hablar y cuelga. Y con eso de que lo vieron con otra chica...

SARA Roberto, ¿cómo te explicas?

ROBERTO Ay, bueno, parece que tengo que confesártelo todo. Es que te estábamos planeando una fiesta de sorpresa. Esa chica en el restaurante era mi hermana. Las llamadas telefónicas eran de ella también. Ahora lo has arruinado todo.

MARIANA Roberto, ¿en serio?

ROBERTO Claro. ¿Crees que ande con una chica tan joven como mi hermana?

MARIANA Lo siento, Roberto, es que no sabía. ¿Me perdonas?

ROBERTO No te preocupes, Mariana.

Additional Listening Activity 7-5, p. 57

1. CLAUDIA Julio, ¿no recuerdas qué fecha es hoy?

    JULIO No. ¿Por qué?

    CLAUDIA Porque hoy es nuestro aniversario de bodas.

    JULIO Discúlpame, se me olvidó.

2. CLAUDIA Anita, ¿quién rompió el vidrio de la ventana?

    ANITA Ay, mamá. Se me olvidó decirte que Juan lo rompió cuando jugaba al béisbol.

    CLAUDIA Muchacha mentirosa. Juan tiene gripa y está en cama.

    ANITA Perdón, mami, no lo haré más.

3. CLAUDIA Toño, ¿tomaste una taza de leche caliente?

    TOÑO Sí, mamá.

    CLAUDIA Entonces, ¿por qué no limpiaste la leche que se cayó en la estufa?

    TOÑO Perdóname, mamá. Lo hice sin querer.

4. CLAUDIA Juan, ¿quién dejó prendido el televisor toda la noche?

    JUAN No sé, quizá fue Alex.

    CLAUDIA ¿Alex? Alex durmió en casa de su abuela y tú fuiste el único que vio el televisor.

    JUAN Lo siento mucho, mami. No lo volveré a hacer.

5. CLAUDIA Oye, Juana, ¿fuiste tú la que se llevó mi suéter esta mañana? No lo puedo encontrar.

    JUANA Pues yo no fui. Pregúntale a Anita. Ella siempre usa tu ropa.

Additional Listening Activity 7-6, p. 57

1. MARIBEL Nadie me invita nunca a una fiesta.

    MANUELA Ánimo, no hay mal que cien años dure. Yo te invito.

2. GUILLERMO Tú no respetas mis sentimientos. Ayer no me saludaste en la escuela.

    MANUELA Perdóname. Lo hice sin querer. No lo volveré a hacer.

3. MANUELA Estoy enojadísima. Paco me dejó plantada ayer. Íbamos a ir al cine juntos.

    MARIBEL No te preocupes. Ya sabes que Paco siempre ha sido distraído.

4. MARIBEL Ayer estuve esperando tu llamada telefónica toda la tarde.

    GUILLERMO Discúlpame, pero tuve mucho trabajo. Te prometo que no lo haré más.

5. BEATRIZ ¿Por qué no me dijiste que tenías una cita con Roberto? Tú sabes que hace mucho que yo quiero salir con él.

    VIVIAN ¿Cómo iba a saberlo? Roberto me invitó a la fiesta y decidí ir con él. Y ya está.

6. SARA Manolo, no te acordaste de recogerme de la escuela ayer. Estuve esperando por dos horas.

    MANOLO ¡Tranquila, Sara!

Answers to Additional Listening Activities

Additional Listening Activity 7-1, p. 55

1. c   2. b   3. b   4. c

Additional Listening Activity 7-2, p. 55

Feliz	Nombre	Triste
	Jorge	X
	Javier	X
X	Maribel	
X	Francisco	

Additional Listening Activity 7-3, p. 56

1. unsympathetic; b
2. sympathetic
3. sympathetic
4. unsympathetic; c
5. sympathetic

Additional Listening Activity 7-4, p. 56

1. b   2. c   3. a

Additional Listening Activity 7-5, p. 57

	admite el error	le echa la culpa a otro
1. Julio	X	
2. Anita		X
3. Toño	X	
4. Juan		X
5. Juana		X

Additional Listening Activity 7-6, p. 57

	Comforting	Apologizing	Neither
1.	✔		
2.		✔	
3.	✔		
4.		✔	
5.			✔
6.			✔

PRIMER PASO

Activity 6

1. Leí un artículo en una revista acerca de los juegos violentos de los niños de hoy, comparados con los de hace un siglo. Creo que la violencia en la televisión tiene una influencia mala sobre los niños. Debemos enseñarles a los niños el valor de los juegos no violentos.
2. No hay duda de que hay demasiada violencia en la televisión. Por eso, los padres deben evitar que los niños vean mucha televisión, en particular cuando los programas son violentos.
3. No puedo creer que la violencia afecte tanto a los niños. Los niños de hoy son muy independientes. Yo no creo que los niños sean violentos sólo porque los programas de la televisión son violentos.
4. Es increíble que los niños puedan ver programas tan violentos en la tele. Parece mentira que se sientan tan atraídos por programas en que haya guerras y muertes todo el tiempo.
5. No estoy segura que haya tanta violencia en la tele. Dudo que haya mucha violencia en la televisión. Creo que hay más violencia en el hogar o en las ciudades. Los niños son violentos por otras razones, no por la televisión.

Answers to Activity 6
1. Juana
2. Juana
3. Clarice
4. Juana
5. Clarice

Activity 11

1. Es la persona que presenta sus opiniones sobre las noticias.
2. Es el programa en que se presentan las noticias del día.
3. Es la persona que busca las noticias y escribe los reportajes.
4. Es la persona que presenta las noticias en un noticiero.
5. Es un reportaje que, con base en una investigación, presenta información sobre un solo tema.

Answers to Activity 11
1. el(la) comentarista
2. el noticiero
3. el(la) reportero(a)
4. el(la) locutor(a)
5. el documental

SEGUNDO PASO

Activity 23

1. Es probable que mucha gente compre el periódico este año.
2. Es imposible que incluyamos artículos en otras lenguas.
3. Es posible que tengamos reporteros en otras partes del mundo.
4. Es fácil que todo en el periódico esté en blanco y negro.

Answers to Activity 23
1. c
2. a
3. d
4. b

Activity 26

1. El próximo sábado va a ser un día importante para la familia Rodríguez de Castro de Navacerrada. Es probable que lleguen unos visitantes muy importantes. Según la información que recibieron unos periodistas del Diario 16, la familia real se quedará en el chalet de los Rodríguez durante el fin de semana. Es dudoso que el Rey esquíe con su familia durante su estancia por culpa del accidente que tuvo el mes pasado.
2 Es posible que la estrella argentina busque otro equipo con quien jugar en el campo internacional después de su participación sobresaliente con su equipo nacional en la Copa Mundial. Su apodo de Batigol nos recuerda que este jugador lleva el récord tanto de su equipo nacional como del equipo italiano con el cual ha jugado.
3. Es cierto que es una de las cantantes más famosas de Cuba y es evidente que sigue siendo tan popular hoy en día como hace veinte años. Hay que verla en su próximo concierto para entender que en la música, no hay edad.
4. Este otoño esta supermodelo estadounidense de origen cubano va a ser la nueva estrella de Milán y París. Es fácil que muchos de ustedes la reconozcan como "Vee Jay" de MTV, sin embargo ahora va a modelar la ropa de los mejores diseñadores de Europa.

Answers to Activity 26
1. el rey Juan Carlos
2. Gabriel Batistuta
3. Celia Cruz
4. Daisy Fuentes

REPASO

Activity 4

1. La Bolsa hoy mantuvo su valor por primera vez en dos semanas. Los accionistas cuando lo supieron reaccionaron de una manera muy aliviada. Pero los analistas dicen que es posible que esta calma en la Bolsa sea breve. El valor del nuevo peso mexicano contra el dólar está estable pero eso puede cambiar. Aunque por ahora descansan cómodos, no niegan que la situación es delicada.
2. La nueva película de Carlota Fuentes no es nada menos que una obra maestra. El estreno anoche en el Teatro Municipal atrajo a muchos que querían felicitar a la jovencita directora de 27 años. Es posible que sea la película más grande del año tanto entre los cinematógrafos como en la taquilla.
3. Hoy más de cincuenta personas quedaron muertas después de la llegada de huracán Zoraida a la costa del sur. Con vientos de más de doscientos cincuenta kilómetros por hora, es fácil que esta tormenta sea la más poderosa que hayamos visto este siglo.
4. Hoy se oficiará una misa para el alma de Juan Carlos Vicente, quien ha muerto hace tres días, el sábado 14 de septiembre. Que en paz descanse. Pueden ofrecer el pésame a la familia: su padre, esposa e hijos.
5. Es imposible lo que está pasando en nuestra ciudad. El tráfico va empeorando cada día y el gobierno municipal no hace nada. Puede ser que no vea los problemas desde las sillas cómodas de sus oficinas, pero no cabe la menor duda que los hay. Todo el mundo sabe que si no hacemos nada para mejorar el tráfico, tendremos peores problemas en el futuro.
6. El nuevo vestuario del verano todavía no ha salido y todo el mundo está ansioso para hacer sus predicciones. Posiblemente los vestidos largos estén de moda para las mujeres este año pero ¿quién sabe? Es posible que los diseñadores salgan con estilos totalmente distintos a los del pasado.

Answers to Repaso Activity 4
1. c
2. a
3. e
4. f
5. b
6. d

Additional Listening Activity 8-1, p. 63

ANTONIO   Oye, Marta, ayer leí en el periódico que ya hay películas en las que la gente puede decidir qué pasa. Estas películas se llaman interactivas.

MARTA   ¿Tú crees que sea verdad, Antonio?

ANTONIO   Sí, es cierto. En el periódico vi la fotografía de la gente en la sala de cine. Es evidente que ellos disfrutaban la película.

MARTA   No estoy segura que lo que leíste fuera verdad. Ya ves que a los periódicos les encanta decir mentiras.

ANTONIO   No cabe la menor duda, Marta. Había mucha gente en la sala de cine.

MARTA   Dudo que la gente se divierta haciendo eso. ¿No crees?

ANTONIO   Al contrario, Marta. Estoy convencido que las películas interactivas van a ser muy populares en el futuro.

MARTA   Parece mentira que a la gente le guste eso. Me parece muy tonto.

ANTONIO   Ay, Marta. Estoy seguro que nunca vas a cambiar de opinión.

MARTA   ¿Tú crees?

Additional Listening Activity 8-2, p. 63

NIDIA   Paco, Paco, ¿supiste que hubo un accidente en la carretera que va a Huelva?

PACO   Sin duda alguna. Lo escuché ayer en las noticias de la radio. Es obvio que fue un accidente grave.

PILAR   Paco, ¿tú sabes a qué hora comienza la nueva teleserie en el canal siete?

PACO   Por supuesto. La nueva teleserie comienza a las ocho de la noche. Pero no estoy seguro que lo haya leído esta mañana en la guía de televisión o el periódico.

NIDIA   ¿Sabías que la cantante Mariana Mariana está aquí en Sevilla?

PACO   Ay, Nidia. Todo el mundo sabe que Mariana Mariana está aquí. ¿No tienes televisor? Sólo necesitas encenderlo dos minutos para que no te quepa la menor duda de que Mariana Mariana está en Sevilla.

PILAR   Paco, ¿es cierto que robaron el banco anoche?

PACO   No sé, dudo que robaran el banco. No creo que lo haya leído en el periódico esta mañana, ni que lo haya escuchado en la radio.

Additional Listening Activity 8-3, p. 64

1.   MARTÍN   Señor Gálvez, la señora Álvez es el candidato mejor informado sobre el tránsito, ¿no?

SR. GÁLVEZ   Al contrario. Me parece que no sabe ni jota de autopistas ni carreteras.

2.   SR. PÉREZ   Señor Méndez. Usted es el comentarista para el programa Los Tres Pensadores, ¿verdad? Estoy convencido que el precio del petróleo va a subir este año. ¿Qué le parece?

SR. MÉNDEZ   ¿Qué sé yo? No puedo estar al tanto de todo y mi campo especial es más bien las ciencias.

3.   SRA. PINO   Ah, entonces, ¿es usted la locutora del noticiero del canal 1? Oiga, ¿es cierto que van a permitir anuncios comerciales en la cadena de televisión pública?

SRA. ROJA   No cabe la menor duda. Es evidente que sólo así podemos enfrentar nuestros problemas financieros.

4.   MARCOS   Dicen que la nueva emisora KOSA va a ser muy popular porque sólo tocará música computarizada. ¿Tú qué crees?

DIEGO   Mira, no tengo la menor idea. Que yo sepa esa emisora todavía no tiene un plan de programación.

5.   SR. CANCEL   Oiga, doctora, ¿es verdad que los médicos nunca tienen oportunidad de descansar y relajarse?

SRA. SABATER   Es obvio que usted comprende la situación muy bien. Por eso no va a enojarse si no contesto la pregunta.

Additional Listening Activity 8-4, p. 64

PEDRO   ¿Tenemos lista la entrevista con la cantante Mariana Mariana?

PABLO   Es posible que esté lista a las siete, una hora antes del noticiero.

PEDRO   ¿Ya envió el corresponsal de España su reportaje sobre el futbolista el Buitre Rivalta?

PABLO   Es imposible que lo haga. Yo creo que el corresponsal está durmiendo ahora, así que recibiremos el reportaje hasta mañana.

PEDRO   ¿Qué pasó con el documental sobre el nuevo museo de culturas populares?

PABLO   Es fácil que yo lo termine de editar y estará listo en media hora. Va a durar dos minutos y medio.

PEDRO   ¿Ya terminó la reportera López su reportaje sobre el nuevo restaurante de comida árabe?

PABLO   Yo creo que sí es posible que lo termine antes de las ocho. La vi trabajando en el cuarto de edición.

PEDRO   ¿Y qué me dices de la entrevista con la actriz Rosa de Valencia?

PABLO   Es difícil que la entrevista esté lista hoy. El reportero tenía gripa y lo envié a su casa. La usaremos mañana.

Additional Listening Activity 8-5, p. 65

GABRIELA   ¿Celia? ¿Viste los titulares en el periódico hoy?

CELIA   Claro, Gabriela. Una computadora con la que puedes conversar y que entiende tres idiomas. ¿Qué te parece?

GABRIELA   ¡No puede ser! No me lo esperaba.

CELIA   Y dice aquí que ahora pueden producir energía solar de noche.

GABRIELA   ¡No es posible! Eso me parece mentira. En seguida me vas a salir con que hay un aparato que puede leer las mentes.

CELIA   Ay, Gabriela, pero si yo no necesito un aparato para leer tu mente.

GABRIELA   ¡No me digas! Entonces, ¿qué estoy pensando?

CELIA   Mmm... a ver, estás pensando en un helado de fresa con unas galletas italianas...

GABRIELA   Pero, ¡qué mala eres! Ahora no puedo sino pensar en helado.

CELIA   Bueno, eso es fácil de conseguir.

GABRIELA   Ah, ¿sí? ¿Cómo?

CELIA   Es evidente. Vamos a la heladería. Después, ya no vas a tener hambre y puedes pensar en otra cosa.

GABRIELA   Celia, sin duda alguna puedes leer las mentes. A propósito, ¿sabes lo que estoy pensando ahora?

CELIA   Que la última vez que fuimos a la heladería pagué la cuenta yo. ¡Y ahora te toca a ti!

Additional Listening Activity 8-6, p. 65

NORMA   ¿Ya viste este anuncio, Ofelia? Solicitan a una persona para trabajar como vendedora en el verano.

OFELIA   ¿A ver? Es posible que nos den trabajo ahí. Escribe el teléfono y vamos a llamar. Es fácil que consigamos trabajo como vendedoras.

OFELIA   ¡No puede ser! ¿Ves esta fotografía de Mariana Mariana en esta sección? Dice que se va a casar por quinta vez... con el jugador de fútbol el Buitre Rivalta.

NORMA   No me lo esperaba. El Buitre es guapísimo y Mariana Mariana es fea.

NORMA   ¿Ya viste? Estrenaron la última película de Guillermo García en el Cine Palacio. ¿Vamos a verla esta tarde?

OFELIA   A lo mejor. Tengo que ir a casa primero para dejar mis cosas de la escuela.

OFELIA   ¡Qué zapatos tan feos! Y son la última moda en París.

NORMA   ¡No es posible! Mi abuelita tiene unos igualitos.

Answers to Additional Listening Activities

Additional Listening Activity 8-1, p. 63

1. b
2. a
3. c
4. c

Additional Listening Activity 8-2, p. 63

	TV	radio	guía de televisión	la prensa	uncertain
1. el accidente		✔			
2. la nueva teleserie					✔
3. Mariana Mariana	✔				
4. el robo					✔

Additional Listening Activity 8-3, p. 64

	Doubt	Ignorance	Certainty
1.	✔		
2.		✔	
3.			✔
4.		✔	
5.			✔

Additional Listening Activity 8-4, p. 64

Imposible		Posible
	Mariana Mariana	✔
✔	Buitre Rivalta	
	Museo de culturas populares	✔
	Restaurante árabe	✔
✔	Rosa de Valencia	

Additional Listening Activity 8-5, p. 65

1. c
2. c
3. b

Additional Listening Activity 8-6, p. 65

Possibility		Surprise
✔	sección de ocio	
	sección de moda	✔
✔	anuncios clasificados	
	sección de sociedad	✔

PRIMER PASO

Activity 9

1. Felipe me dijo que mi novio salió con otra chica. Cuando supe que Felipe me mintió, estuve muy decepcionada. Casi me puse a llorar.
2. Me sentía muy presionado cuando llegué a la clase de matemáticas porque no estudié para el examen.
3. Cuando mi hijo menor supo que les di permiso para salir a sus hermanos, se sintió muy frustrado por ser el más pequeño.
4. Cuando supe que Manuel estaba enfermo y no podía ir al baile de fin de curso, estuve desilusionado. Él es mi mejor amigo y nunca me quejo de él.
5. Mis amigos y yo nos sentíamos muy frustrados cuando fuimos a hablar al profesor. No entendíamos la materia para nada.
6. Mi abuelo estaba enojado cuando le pregunté si quería enseñarme a manejar. Por eso me dijo que no. Le volveré a preguntar mañana.

Answers to Activity 9

1. una reacción	3. una reacción	5. ya se sentían
2. ya se sentía	4. una reacción	6. ya se sentía

Activity 12

ALFREDO Buenas tardes, Estelina, y gracias por estar con nosotros esta tarde.
ESTELINA Muy buenas, Alfredo. Encantada de estar en tu programa.
ALFREDO Dime, Estelina, tu nueva película se estrena este viernes, ¿no?
ESTELINA Sí, y quiero que todos los que están escuchando vayan a verla. Está muy buena. También sale en la película el actor Enrique Rico. Es una película muy romántica.
ALFREDO ¿No crees que a muchas personas ya no les gustan tanto las películas románticas?
ESTELINA No, no es verdad que ya no les gusten. Al contrario, les fascinan las películas románticas, sobre todo si yo salgo en la película.
ALFREDO ¿Es verdad que cantas en la película?
ESTELINA Así es. Se trata de una película musical.
ALFREDO Hablando de romance, según los chismes estás muy enamorada de Enrique Rico.
ESTELINA Ay, Enrique es un encanto pero no es cierto que esté enamorada de él. Somos amigos nada más.
ALFREDO Parece que te va muy bien en tu carrera. Ganas millones de dólares y tienes tres carros.
ESTELINA Bueno, Alfredo, sí, estoy ganando mucho, pero en realidad no tengo tres carros; tengo cuatro.

Answers to Activity 12

1. cierta
2. falsa; A muchas personas les fascinan las películas románticas.
3. cierta
4. falsa; Son amigos nada más.
5. cierta
6. falsa; Tiene cuatro carros.

SEGUNDO PASO

Activity 22

REPORTERO Buenos días, señor. ¿Usted adónde viaja?
SEÑOR Voy con mi esposa a Nueva York. Vamos a visitar a nuestra hija y a su familia por dos semanas.
REPORTERO ¿Han estado ustedes en los Estados Unidos antes?
SEÑOR Yo sí, hace treinta años. Mi esposa no.
REPORTERO Señora, ¿cómo cree usted que son los estadounidenses?
SEÑOR Bueno, este... supongo que muy simpáticos, ¿no?

REPORTERO	¿Cómo se imaginan que es Nueva York actualmente?
SEÑOR	Es una ciudad enorme, por supuesto. Me imagino que la vida allá es mucho más agitada.
REPORTERO	Además de visitar a su hija, ¿qué piensan hacer?
SEÑOR	Nos gustaría ir de compras aunque tengo entendido que las cosas allá son un poco más caras.
SEÑOR	Y también queremos ir a los museos. Me acuerdo que son fantásticos.
REPORTERO	¿Les gustaría agregar algo más?
SEÑOR	Hemos visto en el mapa de la ciudad un parque que se llama "Parque Central". Es muy grande. Supongo que es un buen lugar para llevar a los nietos porque tiene unos lagos pequeños que deben ser muy lindos.
REPORTERO	Bueno, les deseo un buen viaje. Gracias y que lo pasen bien en Nueva York.

Answers to Activity 22

1. lo suponen
2. lo saben
3. lo suponen
4. lo suponen
5. lo saben
6. lo saben
7. lo suponen

Activity 25

REYNALDO	¿Todo está listo para la fiesta?
ADELA	Bueno, casi, casi. Ya limpié la casa, y preparé un pastel y una ensalada de fruta. Compré el regalo también. Gracias a Adolfo, tenemos la música. Trajo su colección de discos compactos. Sin él, ¡creo que nunca bailaríamos!
REYNALDO	¿Necesitas algo más?
ADELA	Sí, los refrescos. Los compraría si tuviera tiempo.
REYNALDO	No te preocupes. Ya fui al supermercado esta mañana a comprarlos. Bueno, parece que estamos bien. Todos dijeron que llegarían a las ocho. Para entonces tenemos tiempo de hacer algo. ¿Quieres jugar al tenis un rato?
ADELA	No, gracias. Jugaría contigo, ¡pero estoy cansadísima!

Answers to Activity 25

1. lo hizo
2. lo hizo
3. lo hizo
4. lo hizo
5. lo haría
6. lo hizo
7. lo hizo
8. lo haría
9. lo haría

REPASO

Activity 1

1. Tengo tres hijos: Jorge, Pedrito y Ana. Los tres son muy lindos pero también muy traviesos. Los quiero mucho pero me enojo con ellos cuando se portan mal.
2. Disfruto mucho vivir sola en casa, pero me encanta estar con mis nietos. Tengo ocho nietos, dos hombrecitos y seis mujercitas. Desafortunadamente no vienen a visitar con frecuencia porque viven muy lejos. Me alegro mucho cuando me escriben unas cartas para decirme cómo están y qué pasa en sus vidas.
3. Me encantan los animales. Tengo dos gatitos que adoro: Jaimito y Trilbi. Jaimito es amigable, travieso y perezoso. Trilbi es tímida, callada y muy egoísta. Me río mucho al verlos jugar.
4. ¡Qué día tan bonito! Se siente el calor del sol. Me alegro cuando tengo tiempo de hacer ejercicio. En el invierno no hay muchos días como éste en los que pueda salir a caminar o correr un rato.
5. Ay, es casi la medianoche y no voy a terminar de estudiar para el examen de mañana. Me siento tan presionado cuando no estoy lo suficientemente preparado para un examen. No me voy a dormir hasta que termine de estudiar el último capítulo.

Answers to Reposo Activity 1

1. ningún dibujo
2. d
3. b
4. a
5. c

Scripts for Additional Listening Activities

Additional Listening Activity 9-1, p. 71

1. TINA ¿Saben? Me enojo cuando la gente piensa que soy tímida. ¿Tímida, yo? ¡Qué va! Yo soy muy abierta con la gente y me gusta charlar con mis amigos y hacer bromas.

2. MARIANA Yo me frustro cuando los chicos piensan que las mujeres no pueden jugar al fútbol. A mí me encanta el fútbol y lo juego casi todos los días con mis amigos.

3. GIANA Sí, te entiendo y yo me enfado cuando mis padres dicen que las chicas no son buenas estudiantes en matemáticas. A mí me fascinan las matemáticas y soy la mejor alumna de la escuela, pero según ellos eso no es de mujeres.

4. TINA Ay, nos vamos a poner de mal humor. Vamos a pensar en cosas positivas también. Mmmm... me alegro cuando mis compañeros son sinceros conmigo. La sinceridad es la mejor cualidad en los seres humanos.

5. MARIANA Sí, cierto. También me siento muy contenta cuando mis padres me apoyan para seguir estudiando. Ellos quieren que yo vaya a la universidad y la verdad, yo también.

6. GIANA Personalmente, me siento feliz cuando mis amigos y yo salimos a bailar. Nos divertimos muchísimo.

Additional Listening Activity 9-2, p. 71

BERTA Hola, Cristina. ¿Cómo estuvo tu día?

CRISTINA No muy bien. Saqué mala nota en la clase de inglés.

BERTA Ah, lo siento. ¿Cómo te sentiste cuando lo supiste?

CRISTINA Estuve muy enojada. El profesor nos dijo que el examen iba a ser muy fácil, pero no fue así.

BERTA ¿Creyeron todos los estudiantes que el examen fue demasiado difícil?

CRISTINA Sí. Casi todos en la clase se quejaron del examen. Mario, el mejor estudiante de la clase, se puso rojo cuando recibió su nota.

BERTA Y tus padres, ¿cómo reaccionaron cuando supieron que saliste mal en el examen?

CRISTINA Se frustraron cuando se lo dije. Me dijeron que tengo que quedarme en casa todo el fin de semana para estudiar. ¡No es justo!

Additional Listening Activity 9-3, p. 72

SONIA Mira, Manuel, a menos de que se te quite lo arrogante, yo ya no quiero salir contigo. Mi amigo Beto está enfadado porque sabe que tú piensas que él es chismoso y perezoso.

MANUEL No es cierto que yo sea arrogante, Sonia. Aunque sí pienso que Beto es chismoso y perezoso.

SONIA No es verdad. Lo que pasa es que tú eres muy callado y a él le gusta hacer bromas.

MANUEL A Beto, sí le gusta hacer muchas bromas, pero no estoy de acuerdo en que yo sea callado. Lo que pasa es que Beto es muy bobo, hace bromas muy tontas que a mí no me hacen reír.

SONIA Hasta cierto punto, estoy de acuerdo en que Beto es bobo, pero es muy simpático también. Además, dice que se siente muy presionado por tus comentarios. Tú eres muy descortés y seco con él.

MANUEL ¡No es verdad! Aunque sí es cierto que Beto es simpático, pero no todo el tiempo.

SONIA Ay, Manuel, Beto es mi amigo y yo quiero que hagamos cosas juntos. No tienes que preocuparte.

MANUEL Está bien, voy a tratar de entender.

Additional Listening Activity 9-4, p. 72

LOCUTOR	Señoras y señores, hoy se encuentra con nosotros la famosa arquitecta peruana Tania Cruz. Tania, el próximo lunes comienzas tu viaje a España para inaugurar tu exhibición en Madrid. ¿Has visitado España antes?
TANIA CRUZ	No, es mi primera visita a España.
LOCUTOR	¿Y qué piensas de la arquitectura española?
TANIA CRUZ	Mira, el estereotipo de la arquitectura española es que es muy arrogante, seca y torpe. Pero yo no creo en estereotipos. Yo me imagino que la arquitectura española es maravillosa y crea un ambiente muy amigable para la gente que habita las ciudades y los pueblos. Además, supongo que es una arquitectura multicultural porque mezcla los estilos de varias civilizaciones.
LOCUTOR	¿Cómo crees que van a recibir los españoles tu exhibición?
TANIA CRUZ	Tengo entendido que a la gente en Madrid le gusta mucho la arquitectura. Así que tengo la impresión de que mi viaje a España va a ser todo un éxito.
LOCUTOR	¡Pues, felicidades Tania! Ojalá que tengas mucha suerte en España y que te conquistes el corazón de los españoles y las españolas.
TANIA CRUZ	Gracias.

Additional Listening Activity 9-5, p. 73

ANFITRIÓN	Silvia, ahora tienes que hacer dos preguntas a cada concursante antes de decidir con quién irás a cenar esta noche. ¿Estás lista?
SILVIA	Sí, a ver, una pregunta para Gabriel. Si pudieras vivir por un año en cualquier lugar del mundo, ¿en dónde vivirías?
GABRIEL	Si pudiera, yo viviría en Cartagena, Colombia, para que pudiera disfrutar del mar caribe y del clima caliente del trópico.
SILVIA	¿Y tú, Julio? Si pudieras vivir por un año en cualquier lugar del mundo, ¿en dónde vivirías?
JULIO	Si pudiera, yo viviría en París, Francia, la ciudad del amor.
SILVIA	A ver, Gabriel. Si te encontraras un millón de dólares, ¿qué harías?
GABRIEL	A ver... Si encontrara un millón de dólares, les compraría a mis padres una casa muy bonita en Cartagena, cerca del mar. Ah, y también ayudaría a mi hermanita Antonia que quiere ir a la universidad a estudiar pintura.
SILVIA	¿Y tú, Julio? ¿Qué harías?
JULIO	Si encontrara un millón de dólares, yo me casaría contigo y te llevaría de viaje por Europa.

Additional Listening Activity 9-6, p. 73

ISABEL	Marcela, tengo entendido que en esta escuela existe discriminación contra las mujeres.
MARCELA	No es cierto que exista discriminación, Isabel. Lo que sucede es que la escuela era de hombres solamente. Por eso todavía hay pocas mujeres como estudiantes y como maestras.
ISABEL	Tengo la impresión de que algunos profesores de ciencias tienen prejuicios acerca de las mujeres. ¿No te parece, Marcela?
MARCELA	Estoy de acuerdo contigo. Algunos profesores tienen prejuicios contra las mujeres. Supongo que lo que tienen es ignorancia acerca del papel de las mujeres en las ciencias.
ISABEL	Tengo entendido que el director del colegio no aprecia ni a las mujeres ni a las minorías.
MARCELA	No es verdad que él no aprecie a las mujeres ni a las minorías. Al contrario, me parece que él respeta la diversidad y combate los estereotipos que existen aquí. Además, está consciente de la falta de mujeres y minorías en la escuela.
ISABEL	Me imagino que a ti te fascina esta escuela, ¿verdad?
MARCELA	La verdad es que sí. La escuela es de muy buena calidad y los estudiantes están unidos para combatir los prejuicios.
ISABEL	Vale.

LISTENING ACTIVITIES · SCRIPTS & ANSWERS

Answers to Additional Listening Activities

Additional Listening Activity 9-1, p. 71

	reacción positiva	reacción negativa
1. Tina		✔
2. Mariana		✔
3. Giana		✔
4. Tina	✔	
5. Mariana	✔	
6. Giana	✔	

Additional Listening Activity 9-2, p. 71

1. falso; Cristina estuvo enojada cuando recibió su nota en el examen.
2. cierto
3. falso; Casi todos en la clase se quejaron del examen.
4. falso; Mario se puso rojo cuando recibió su nota.
5. falso; Cristina tiene que quedarse en casa todo el fin de semana.

Additional Listening Activity 9-3, p. 72

	agreement	disagreement	partial agreement
chismoso		✔	
perezoso		✔	
bobo			✔
simpático			✔

Additional Listening Activity 9-4, p. 72

1. a   4. c
2. c   5. a
3. a

Additional Listening Activity 9-5, p. 73

Gabriel	Julio
b	a
c	e
d	f

Additional Listening Activity 9-6, p. 73

1. c   3. b
2. b   4. c

PRIMER PASO

Activity 6

Teacher Note

You may want to play the audio recording several times and have students conduct this activity as dictation. Then have students change the illogical sentences to logical ones.

1. —Adela pasa casi todo el día tocando el violín, ¿no?
   —Es cierto. Si sigue practicando mucho, nunca va a alcanzar el éxito.
2. —¡Lorenzo aprendió a hablar el italiano en seis meses! ¿Cómo lo hizo?
   —Verás, puso todo su esfuerzo en aprenderlo. No hacía nada más que eso.
3. —Carolina va a enseñar una clase de escalar montañas. ¿Sabe mucho de alpinismo?
   —Por supuesto. El año pasado logró escalar la montaña más alta de Sudamérica.
4. —El pobre Miguel no ganó ningún premio en la carrera de bicicleta.
   —Tienes razón. Estamos muy orgullosos de él.
5. —Dice Juan que cantó en la fiesta de Guadalupe y que a todos les gustó mucho.
   —Sí, fue un éxito total. Ojalá que cante otra vez.
6. —Cuando llegó Estrella a los Estados Unidos no sabía inglés y no tenía trabajo, pero ahora es profesora de historia en la universidad.
   —¡Qué lástima! No ha tenido mucho éxito.

Answers to Activity 6

1. ilógica; Sample answer: Es cierto. Si sigue practicando mucho, sí va a alcanzar éxito.
2. lógica
3. lógica
4. ilógica: Sample answer: Tienes razón. Estamos muy tristes por él.
5. lógica
6. ilógica; Sample answer: ¡Qué bueno! Ha tenido mucho éxito.

Activity 11

ADRIANA Muchos padres hispanos recién llegados a Estados Unidos no saben hablar inglés. Para ellos es mucho más difícil encajar en la sociedad estadounidense. Normalmente sus hijos aprenden inglés y se adaptan a las costumbres de aquí antes que los padres. Por eso es importante que los padres aprendan inglés pero sin olvidar el español. Así se asimilan pero sin olvidar sus raíces al mismo tiempo.

JOSÉ LUIS Yo creo que deben estar orgullosos de sus raíces. Es importante asimilarse a otra cultura sin perder su propio modo de ser. Como hispanos, pueden hacer una gran aportación no solo a la comunidad hispana sino a la comunidad en general. Pero todo empieza con la familia; ésas son sus raíces. Hay que respetar primero a sus padres, y ellos les ayudarán a alcanzar el éxito.

Answers to Activity 11

1. los dos
2. José Luis
3. Adriana
4. José Luis
5. Adriana

SEGUNDO PASO

Activity 20

1. José Luis era el chico más inteligente en el colegio. Siempre sacó buenas notas, pero no va a poder asistir a la universidad nacional. No sé por qué.
2. ¿Te acuerdas de Marilú? Ella habla perfectamente seis lenguas: español, francés, alemán, italiano, inglés y árabe. Ella dice que su facilidad con los idiomas se debe a sus profesores de lengua. Siempre dije que la universidad tiene los mejores profesores de idiomas.

3. Miguel no tiene nada de ritmo ni sabe absolutamente nada de música. ¡Imagina mi sorpresa cuando vi su nombre entre los miembros de la sinfónica! No era él. Era otra persona que tenía el mismo nombre.
4. Marco habla perfectamente el español. No lo habla como extranjero y puede conversar con cualquier persona que hable español. Marco dice que por el hecho de haber vivido cinco años en México habla muy bien el español. Y yo sí se lo creo.
5. Me encontré a Kira el viernes en un restaurante. Ahora ella es la directora de un banco muy importante del país. Le pregunté a qué se debía su éxito. Ella dijo que sus años de estudio resultaron en un buen trabajo. Y se lo merece.
6. Andrés López sorprendió a todos en la universidad. Podía leer libros en alemán de un día para otro y además escribía alemán perfectamente. Lo que nadie sabía era que Andrés es de Alemania, así que sabe muy bien el alemán.

Answers to Activity 20
1. no
2. sí
3. no
4. sí
5. sí
6. sí

Activity 26

1. Es un maestro en las canchas de tenis. Juega tenis cuatro horas diarias todos los días, pero es muy desorganizado. Tenía la intención de jugar un poco más hoy, pero se le ha perdido su raqueta.
2. Andar de compras es su deporte favorito: el lunes, unos zapatos nuevos; el martes, unos pantalones; el miércoles, un juguete para sus sobrinos. No se detiene. Hoy fue al almacén con la intención de comprarse una maleta nueva.
3. Desde que era niña le gustaba copiar los dibujos de las tiras cómicas. Ahí estaba días enteros dibujando. Y siempre dibujaba con la idea de regalar el dibujo a un amigo o familiar. Hoy hizo un dibujo para dárselo a su padre.
4. Le encantan los animales. Con el tiempo, se hizo veterinaria y ahora es dueña de una granja. ¡Tiene un gran corazón y adora a su abuela! Compró un pájaro bellísimo con la idea de dárselo a su abuela como regalo.

Answers to Activity 26
1. b   2. c   3. d   4. a

REPASO

Activity 1

1. Nunca ha querido comprar un despertador nuevo. El que tiene es muy viejo y por lo tanto no funciona muy bien. Esta mañana su despertador no funcionó, así que se despertó tarde y perdió el autobús para ir al trabajo. Por poco y lo despiden.
2. Logró superar muchos obstáculos en la vida, pero al final alcanzó el éxito en el maratón. Está agradecido con el entrenador porque siempre lo apoyó. Puso mucho esfuerzo en ganar la carrera y al fin ganó el premio.
3. Se siente orgulloso de pertenecer al equipo de la escuela y entrena todos los días. Le fascina el reto de superarse. Por eso, estoy seguro que cuando sea mayor, va a jugar con un equipo profesional como segunda base.
4. Se siente orgullosa de haber alcanzado el éxito en los deportes. Su aportación al éxito del programa deportivo de la escuela es muy importante. Después de graduarse de la escuela va a jugar en un equipo de la universidad.
5. Le fascina hablar con la gente. Su modo de ser es muy abierto, extrovertido. Sabe español muy bien y como hay muchos jugadores hispanos no hay nadie que le pueda negar una entrevista. Hoy fue al partido con la intención de entrevistar a los jugadores.

Answers to Repaso Activity 1
1. b
2. no corresponde
3. c
4. a
5. d

Scripts *for* Additional Listening Activities

Additional Listening Activity 10-1, p. 79

ALBERTO ¿Sabes qué, Diana? Yo admiro mucho a mi mamá. Ella alcanzó el éxito en su profesión: es una doctora famosa.

DIANA Tienes razón, Alberto. A mí me sucede lo mismo con mi papá. Él ha triunfado en el fútbol, es un deportista famoso.

ALBERTO Mi mamá puso mucho esfuerzo en superarse. Por muchos años trabajó de noche como enfermera para poder pagar la universidad e ir a la escuela de medicina y convertirse en doctora. Hoy ella es la directora del hospital en que trabaja.

DIANA Pues fíjate que mi papá logró superar muchos obstáculos para llegar a ser un jugador de fútbol famoso. Su primer entrenador le dijo que no tenía talento pero ahora domina totalmente el deporte.

ALBERTO Mi mamá se siente muy orgullosa de haber superado el reto de tener éxito en una profesión tan difícil. Y lo bonito de ser doctor es que sabes que siempre tienes algo que aportar, que la gente te necesita.

DIANA Algo parecido ocurre con mi papá. Él se siente orgulloso de su éxito como futbolista. Está muy muy agradecido de que los niños del país lo consideren un hombre modelo.

Additional Listening Activity 10-2, p. 79

CARLOS Adela, ¿qué planes tienes para cuando cumplas los 18 años?

ADELA Cuando cumpla los 18 años, voy a ir de vacaciones a Europa. Y tú, Carlos, ¿qué planes tienes?

CARLOS Cuando cumpla los 18 años, yo voy a visitar a mis abuelos a Puerto Rico.

ADELA ¿Y qué planes tienes para después de la graduación?

CARLOS Mira, después de graduarme, voy a estudiar a una escuela de canto en Nueva York. ¿Y tú?

ADELA Yo quiero ir a la universidad, pero no sé todavía qué universidad me aceptará.

CARLOS Oye, Adela, ¿y qué quieres ser cuando termines tus estudios?

ADELA Yo quiero ser ingeniera, como mi mamá. ¿Y tú?

CARLOS Yo quiero ser cantante de ópera. Me fascina la ópera.

ADELA ¿Y qué vas a hacer antes de entrar a la escuela de canto en Nueva York?

CARLOS Quiero conseguir un trabajo antes de que empiecen las clases en la escuela de canto, de modo que pueda pagar mis estudios. Tú sabes que es caro vivir en Nueva York. ¿Y tú, Adela? ¿Qué piensas hacer antes de ir a la universidad?

ADELA Antes de que empiecen las clases en la universidad, me gustaría hacer un viaje a China. Me encantaría conocer ese país.

Additional Listening Activity 10-3, p. 80

ENTREVISTADOR Daniel, cuéntanos algo de tu vida, de cómo llegaste a ser un músico famoso y de éxito aquí en Nueva York.

DANIEL Mira, yo nací en la República Dominicana, pero me crié aquí en Nueva York. Tuve que superar muchos obstáculos en mi vida. El más importante, la pobreza de mi familia. Mamá y papá trabajaban mucho, pero nosotros éramos cinco hermanos y a veces la veíamos muy difícil. Para alcanzar el éxito, yo me di cuenta de que tenía que encajar en la sociedad estadounidense. Por eso, yo puse todo mi esfuerzo en asimilarme a las costumbres de esta ciudad. Tú sabes que Nueva York tiene un modo de ser muy cosmopolita y que se hablan muchos idiomas aquí, pero nunca quise perder mis raíces. Por eso, domino el inglés, el español y el francés, ya que mi madre es de Haití. Siento que encajo muy bien en esta ciudad porque soy músico de profesión: aquí se escucha jazz, salsa, rock. Estoy orgulloso de haber ganado el premio al mejor músico de merengue del país. Puedo decir que he triunfado en la música porque he mantenido mi identidad como latino. A los estadounidenses les gusta mi música y a mí me gusta mucho el modo de ser de los estadounidenses: son sinceros y muy alegres.

LISTENING ACTIVITIES · SCRIPTS & ANSWERS

Additional Listening Activity 10-4, p. 80

GUILLERMO   Fernando. ¡Felicidades por el éxito del equipo de fútbol de la escuela!
FERNANDO   Gracias, Guillermo. El éxito del equipo se debe al nuevo entrenador argentino.
GUILLERMO   ¿De veras?
FERNANDO   Sí, es cierto. El nuevo entrenador es bilingüe. Sabe inglés y español, y por lo tanto, puede comunicarse muy bien con los jugadores que hablan español.
GUILLERMO   ¿Crees que el equipo juegue en el campeonato nacional?
FERNANDO   Yo creo que sí. Las reglas de calificación han cambiado de tal forma que el equipo va a jugar en el campeonato nacional en Nueva York, representando al estado.
GUILLERMO   ¡Qué maravilla! Así que por jugar bien al fútbol, vas a ir a Nueva York.
FERNANDO   Claro. Pero estoy más contento por otra cosa. Las acciones del entrenador resultaron en un buen ambiente en el equipo. Somos como una familia. Si tenemos algún problema, lo podemos discutir en los entrenamientos. Por consiguiente, siempre tenemos compañeros que nos ayudan a resolver nuestros problemas.
GUILLERMO   ¿Y el fútbol no afecta tus calificaciones?
FERNANDO   Al principio sí. No estudiaba, así que salía con malas notas. Pero ahora no. El entrenador no tolera que tengamos malas notas. En consecuencia, primero estudiamos y sacamos buenas notas, y después jugamos al fútbol.
GUILLERMO   Pues buena suerte en las finales.
FERNANDO   Gracias, Guillermo.

Additional Listening Activity 10-5, p. 81

PATRICIA   Oigan, muchachos. ¿Qué objetivos tienen en la vida? ¿Cuáles son sus sueños? A ver, Elena, ¿a qué aspiras tú?
ELENA   Mira, yo pienso llegar a ser una abogada. Me gustaría poder defender a personas inocentes que no tienen dinero. También me encantan los deportes. Tengo la intención de aprender a jugar tenis muy bien e inscribirme en campeonatos nacionales.
PATRICIA   ¿Y tú, Enrique? ¿Cuáles son tus sueños?
ENRIQUE   Yo sueño con viajar por todo el mundo. Quiero estudiar relaciones internacionales con la intención de convertirme en diplomático. También me encanta la filmación de videos. Quiero aprender a hacer videos documentales con la idea de hacer documentales de mis viajes por el mundo.
PATRICIA   ¿Y tú, Andrés?
ANDRÉS   Yo quiero ser astrónomo porque uno de mis objetivos es conocer mejor nuestra galaxia. Desde que era niño me ha encantado observar las estrellas. También tengo mucho interés en ir camping para que pueda ver bien las estrellas. ¿Y tú, Patricia? ¿Cuál es tu sueño?
PATRICIA   Yo pienso estudiar ciencia política en la universidad porque mi meta es llegar a ser senadora de mi estado y quizá presidenta del país. Quiero enfocarme en mis estudios para aprender más acerca del arte de gobernar. A mí no me gustan los deportes, pero me encanta la música. Pienso aprender a tocar el piano muy bien para poder tocarlo en las reuniones familiares y de amigos.

Additional Listening Activity 10-6, p. 81

FLACO   Hola, soy el Flaco Rodríguez. En los juegos olímpicos gané cuatro medallas de oro. Mi éxito se debe a mi entrenador, a una dieta balanceada y a Chocoleche. Sí, amigos, coman bien, hagan mucho ejercicio y tomen Chocoleche en su desayuno. El Flaco Rodríguez lo recomienda.
LINDA   Hola, mi nombre es Linda Mariscal. Siempre tenía problemas para encontrar trabajo hasta que me inscribí en la Academia de Lenguas 1, 2 y 3. Hoy, trabajo en un negocio internacional. Soy bilingüe, por lo tanto, tengo muchas oportunidades de trabajo. Tú también puedes hacerlo. Inscríbete en las Academias de Lenguas 1, 2 y 3.
PACO   Hola, soy el pintor Paco de Granada. Siempre salgo de viaje y necesito una tarjeta de crédito internacional. Así que siempre salgo con Banacredit de Oro. Por tener Banacredit de Oro, me siento seguro en todos mis viajes. No cruce la frontera sin ella.
SOCORRO   Hola, soy Socorro Leñero, comerciante. Por muchos años quise realizar mi sueño de tener mi propio negocio, pero no sabía tomar la iniciativa. Pero un día tuve la suerte de consultar a la Doctora Sonia Palvora. Me enseñó a enfocarme en mis objetivos y a alcanzar mis metas. ¿Tiene Ud. un sueño por realizar? ¡Consulte a la Doctora Sonia!

Answers to Additional Listening Activities

Additional Listening Activity 10-1, p. 79

1. a   2. b   3. a

Additional Listening Activity 10-2, p. 79

Adela	hacer un viaje a China	ir de vacaciones a Europa	ser ingeniera	ir a la universidad
Antes de que empiecen las clases	✔			
Cuando sea mayor			✔	
Cuando cumpla 18 años		✔		
Después de la graduación				✔

Carlos	conseguir un trabajo	estudiar canto	ser cantante de ópera	ir a visitar a los abuelos
Antes de que empiecen las clases	✔			
Cuando sea mayor			✔	
Cuando cumpla 18 años				✔
Después de la graduación		✔		

Additional Listening Activity 10-3, p. 80

1. c   2. b   3. c

Additional Listening Activity 10-4, p. 80

Cause	Effect
nuevo entrenador argentino	éxito del equipo
el entrenador es bilingüe	comunicarse mejor con jugadores bilingües
las reglas de calificación han cambiado	**el equipo va a jugar en el campeonato nacional**
las acciones del entrenador	buen ambiente en el equipo
discuten problemas en los entrenamientos	siempre hay compañeros para ayudar a resolver problemas
el entrenador no tolera malas notas	**primero estudian y sacan buenas notas**

Additional Listening Activity 10-5, p. 81

1. c   2. a   3. d   4. c   5. b   6. b   7. a   8. d

Additional Listening Activity 10-6, p. 81

1. c   2. b   3. b   4. a

DE ANTEMANO

Activity 2

1. La gente que ha participado en los programas preventivos ha superado su adicción a las drogas.
2. Es mejor que los jóvenes vean películas con temas e imágenes positivos.
3. Me alegro cuando veo plantas y árboles en las carreteras. Se ve mucho más bonito que papeles desechados.
4. Me alegro cuando veo a la gente cooperar con otros y ayudar a los demás—sobre todo a los niños.
5. Los problemas económicos nos afectan a todos. ¡Hoy en día los precios están muy altos!
6. Lo que vemos y leemos nos afecta mucho; por eso hay que proteger a los niños de la violencia en la tele.

Answers to Activity 2
1. b   2. e   3. a   4. d   5. c   6. e

PRIMER PASO

Activity 6

1. Muy buenos días desde nuestros estudios centrales en San José. Les habla Jorge Gonsalves con las últimas noticias. Según el gobierno municipal, la contaminación del aire en la ciudad ha aumentado a causa de los gases que emiten los carros. Recomendamos que no manejen sus carros si no es necesario.
2. Se dice que menos jóvenes usan drogas este año que el año pasado. El gobierno cree que esto está relacionado con la campaña contra las drogas en las escuelas.
3. Muchas personas se han fijado en que los precios de la gasolina no han aumentado durante los últimos dos meses. El gobierno dice que esto se debe a una reducción en la tasa de inflación.
4. Esta mañana dijo el Director de los Parques Nacionales que los ríos de varios parques están contaminados. No se sabe por qué. El Director declaró: "Si no hacemos nada, tendremos que cerrar varios parques por dos o tres años."
5. Algunas entrevistas con personas en la calle han revelado que la gente está frustrada con el alto nivel de crimen que ven en nuestra ciudad. Una señora dijo: "Estoy harta de tener miedo en mi propia casa."
6. Una estadística nueva: Según la doctora María Luisa Vargas Smith, psicóloga de la Universidad de Costa Rica, ha habido cinco por ciento menos crímenes violentos este año. La doctora cree que esto se debe a mejoras en la economía nacional.

Answers to Activity 6

1. mala	3. buena	5. mala
2. buena	4. mala	6. buena

Activity 11

Queridos compatriotas. Estoy aquí frente a ustedes porque los problemas de nuestro estado necesitan de soluciones inmediatas y claras. La situación ha empeorado durante los tres últimos años y si no hacemos nada, lo lamentaremos en el futuro.
1. Uno, empezaría por hacer públicas todas las actividades del gobierno. El gobierno debe ser responsable de sus acciones ante los ciudadanos. No habrá secretos en la actividad gubernamental. Nadie está por encima de la ley.
2. Dos, me dedicaría a obtener los mejores profesores y materiales para las escuelas. Todos sabemos que el futuro del estado está en la educación. Mi gobierno fomentará una mejor educación para nuestros hijos.

3. Tres, nuestro estado necesita lugares apropiados para la gente que viene a disfrutar de nuestros paisajes. Me he fijado en la mala situación en la que están los parques públicos y las áreas de recreo. Por eso, los mejoraría.
4. Cuatro, intentaría reformar el sistema de justicia. La seguridad de los ciudadanos es importante. La delincuencia y el homicidio han aumentado mucho.
5. Cinco, mi gobierno buscará soluciones acerca de los trabajos. La creación de trabajos ha bajado en los últimos años. Por eso, la solución que planteo es la creación de una organización para ayudar a la gente a encontrar trabajo.

Answers to Activity 11
1. b   2. d   3. e   4. c   5. a

SEGUNDO PASO

Activity 21

1. —Dice que le gustaría ayudar a la gente.
   —Hay gente sin empleo y otros que no tienen dónde vivir que estarían muy agradecidos por su esfuerzo.
   —Qué bueno sería si realizara su sueño y ganara la elección, ¿no?
2. —Dice que el secreto de entender y ayudar a la gente es escucharle.
   —Sí, dice que si pudiera, estudiaría sicología. Le gusta fijarse en el modo de ser de cada persona.
   —Sería maravilloso si asistiera a la universidad este año.
3. —Sus éxitos se deben a sus padres. Tuvieron que superar muchos retos pero al fin triunfaron.
   —Y ahora dice que quiere aportar algo a los demás. Da becas a estudiantes sin muchos recursos que quieren asistir a la universidad.
   —Es una persona muy generosa con su dinero. Sería maravilloso si muchos estudiantes pudieran asistir a la universidad con su ayuda.
4. —Siempre está pensando en hacer investigaciones.
   —Él siempre dice que sería bonito si no hubiera más enfermedades en el mundo.
   —Si sigue trabajando no hay duda que lo logrará.

Answers to Activity 21
1. b   2. ningún dibujo   3. c   4. a

REPASO

Activity 1

NARRATOR Señoras y señores, la señora Cecilia Reyes contestará nuestra primera pregunta y el señor Juan Luis Benavides tendrá tres minutos para responder. Señora Reyes, ¿cuál es el problema más grave que nos afecta hoy día y cómo lo resolvería?

CECILIA Sin duda el mayor problema que nos afecta a todos es la alta criminalidad que encontramos no sólo en las grandes ciudades, sino también en el campo. Me he fijado en el hecho de que cuando hay mucho desempleo, hay más crimen. Me dedicaría a bajar el desempleo y empezaría por crear miles de empleos construyendo centros de recreo para nuestros hijos. Si no realizamos un programa de educación fuera de las escuelas que les dé a nuestros jóvenes una alternativa al crimen, nunca vamos a reducir la delincuencia en nuestro país.

NARRATOR Señor Benavides, usted tiene tres minutos para responder.

JUAN LUIS Aunque yo también creo que la criminalidad es un problema actual, no diría que es el más grave. Nuestro sistema de justicia es sin duda el mejor del mundo. Lo que nos falta es construir más prisiones de alta seguridad. Los programas de educación por lo general no ayudan nada. La única manera de educar a los criminales es ponerlos en la prisión. Habrá que crear más empleo pero yo propongo que construyamos más cárceles. Si no actuamos ahora, los criminales van a tener más oportunidades en nuestro país que la gente trabajadora.

Answers to Repaso Activity 1
1. D   2. B   3. R   4. B   5. R

Scripts *for* Additional Listening Activities

Additional Listening Activity 11-1, p. 87

REPORTERA Muy buenas noches, hoy tenemos con nosotros en el estudio a la gobernadora del estado. Buenas noches, gobernadora.

GOBERNADORA Buenas noches.

REPORTERA Se dice que aumentó la delincuencia y la criminalidad en los últimos dos meses debido al alto desempleo en el estado. ¿Qué dice usted acerca de esto?

GOBERNADORA Según el gobierno que represento, es cierto que el desempleo está aumentando. Y por eso estamos buscando la manera de implementar un plan de empleo para solucionar este problema. En cuanto a la delincuencia y criminalidad, eso es una mentira de los periódicos. Según la policía del estado, la criminalidad y la delincuencia no han aumentado.

REPORTERA Yo vivo cerca del Río Revuelto y me he fijado en que la contaminación del río está aumentando. ¿Qué está haciendo su gobierno al respecto?

GOBERNADORA La contaminación del agua es un problema muy importante. Si no actuamos ahora, la situación va a empeorarse. Por eso vamos a implementar un plan de emergencia y hacer una campaña social. Si no hacemos campañas preventivas contra la contaminación, lo lamentaremos en el futuro.

REPORTERA Según el periódico, La Prensa, la drogadicción es un problema muy grave de salud que está afectando a muchos jóvenes del estado.

GOBERNADORA La Prensa está mal informada. No hay un problema de drogas en el estado. Le falta sensibilidad a La Prensa.

Additional Listening Activity 11-2, p. 87

BLANCO Queridos amigos, les habla Guillermo Blanco, candidato a gobernador por el Partido Unido. Según el gobierno, no hay problema de drogadicción en el estado y tampoco ha aumentado la criminalidad y la delincuencia. ¿Se ha fijado que el gobierno nunca reconoce los problemas? Si no actuamos ahora, el problema va a empeorarse. Si gano las elecciones, me dedicaría a combatir la delincuencia con mano dura. Intentaría promover las actividades deportivas entre los jóvenes. La solución que planteo es cambiar drogas y crimen por deporte. Habrá que construir más campos deportivos y menos cárceles.

GARCÍA Ciudadanos, les habla Francisco García, candidato a gobernador por el Partido Azul. Según el Partido Unido, la drogadicción es el principal problema del estado. Eso es mentira. Nosotros, en el Partido Azul, sabemos que el único problema importante del estado es el desempleo. Y el desempleo causa otros problemas como el hambre y la enfermedad. Si no implementamos pronto un programa que cree empleos, tememos que el deterioro continúe. Y si mostramos sensibilidad por los problemas económicos de nuestros jóvenes, el número de delitos que cometen va a bajar. Yo propongo un cambio profundo y me dedicaría a crear trabajos. Primero, reduciría los impuestos para los negocios que creen más de cincuenta nuevos empleos.

Additional Listening Activity 11-3, p. 88

1. CLARA Mi nombre es Clara Moreno. Soy sicóloga. Me he fijado que los jóvenes que son criminales o delincuentes están influidos por los muchos homicidios y robos que ven en la televisión y en el cine. Yo intentaría promover la transmisión de programas más positivos en la televisión y en el cine.

2. ALBERTO Mi nombre es Alberto Izquierdo. Soy abogado. Según el gobierno, ha aumentado la delincuencia de doce a diecisiete años. Yo empezaría por aprobar leyes iguales para los delincuentes juveniles y los criminales adultos. Ellos deben pagar por el crimen que cometen igual que todos.

3. DIEGO Me llamo Diego López. Soy político. Se dice que la pobreza es la causa del aumento de robos por ladrones. Yo estoy de acuerdo. La solución que planteo es promover el empleo juvenil para eliminar el hambre.

4. JOSEFINA   Me llamo Josefina Priante. Soy estudiante. Me he fijado que el crimen juvenil se debe a las drogas. Yo propongo una gran campaña contra quienes venden drogas ilegalmente. Si no hacemos nada, lo lamentaremos en el futuro.

5. EFRÉN   Me llamo Efrén Santillana. Soy el presidente del Consejo Estudiantil. Para mí, el verdadero crimen en nuestra sociedad son las enfermedades sicológicas que afectan a los jóvenes como la depresión. Yo intentaría encontrar consejeros que tengan una gran sensibilidad frente a los problemas y las aspiraciones de los jóvenes.

Additional Listening Activity 11-4, p. 88

RAFAEL   Julia, ¿qué harías si fueras una científica famosa?

JULIA   Si yo fuera una científica famosa, trataría de encontrar una cura para el cáncer. ¿Y qué harías tú, Rafael, si fueras un científico famoso?

RAFAEL   ¿Yo? Pues... ganaría mucho dinero, ¿no? Pero a mí me gustaría más ser un ingeniero de automóviles. Si yo fuera un ingeniero de automóviles, diseñaría el carro más eficiente del mundo. ¿Y tú, Julia, qué harías?

JULIA   Si yo fuera una ingeniera de automóviles, diseñaría un carro que no contaminara el medio ambiente. Pero sería más divertido ser una ingeniera en alimentos. En ese caso, haría comida más nutritiva y sabrosa en paquetes reciclables.

RAFAEL   A mí no me gusta la ingeniería de alimentos. Me gusta más la ingeniería aeronáutica. Si yo fuera ingeniero en aeronáutica, diseñaría una nave espacial capaz de llevar a la gente al planeta Marte en una semana. ¿Y tú?

JULIA   Yo construiría la nave espacial más cómoda del mundo. Tendría un jardín botánico donde habría conciertos de música de todo tipo.

Additional Listening Activity 11-5, p. 89

MARTA   ¿Rebeca? ¿A ti te gusta América del Sur?

REBECA   Por supuesto que me gusta. Me encantaría vivir en cualquier país de Sudamérica.

MARTA   ¿En qué países andinos te gustaría vivir y qué harías?

REBECA   Me encantan Chile y Ecuador. Si yo viviera en Chile, iría a escalar los Andes los fines de semana; y si yo viviera en Ecuador, compraría ropa y artesanías en el mercado de Otavalo.

MARTA   ¿Y Venezuela? ¿Qué harías ahí?

REBECA   Si yo viviera en Venezuela, iría a pasar mis vacaciones cada verano a la Isla Margarita en El Caribe. ¡Me fascina El Caribe!

MARTA   ¿Qué harías si vivieras en Argentina?

REBECA   Si yo viviera en Argentina, iría a los partidos de fútbol todos los fines de semana. El River es mi equipo de fútbol favorito.

Additional Listening Activity 11-6, p. 89

ALDO   Enrique, ¿qué harías si tuvieras un millón de dólares?

ENRIQUE   Si tuviera un millón de dólares, empezaría mi propia estación de radio. ¿Y tú, Aldo, qué harías?

ALDO   ¿Yo? No estoy seguro. Si tuviera un millón, empezaría una fundación para ayudar a conservar el Amazonas en Sudamérica.

ENRIQUE   ¿Y qué harías tú si pudieras cambiar el mundo en un instante?

ALDO   Si pudiera, yo cambiaría las selvas tropicales y los ríos. Haría que las selvas tropicales fueran más grandes y los ríos más largos. ¿Y tú, Enrique?

ENRIQUE   Yo haría que existiera una cura para el cáncer. Sería maravilloso si se encontrara una cura para el cáncer. ¿No crees, Aldo?

ALDO   Claro. Oye, y si fueras otra persona, ¿quién te gustaría ser?

ENRIQUE   Me gustaría ser un tenista famoso y viajar por todo el mundo. ¿Y tú, Aldo?

ALDO   Si yo fuera otra persona, me gustaría ser el presidente del país para hacer muchos cambios importantes.

ENRIQUE   ¿Ya viste la hora? Tenemos que regresar a clases en un instante.

ALDO   Tienes razón. Si yo fuera el director de la escuela, haría que hoy fuera un día libre.

Additional Listening Activity 11-1, p. 87

(desempleo)	hambre	enfermedades
drogadicción	impuestos	vivienda
(contaminación de ríos)	delincuencia	criminalidad

Additional Listening Activity 11-2, p. 87

1. a   2. b   3. a

Additional Listening Activity 11-3, p. 88

Nombre	Causa	Solución
Clara	La televisión y el cine	prevenir programas y películas de criminales
Alberto	**La delincuencia de doce a diecisiete años ha aumentado**	Aprobar leyes iguales para delincuentes jóvenes
Diego	Pobreza	**promover el empleo juvenil para eliminar el hambre**
Josefina	Drogas	**una campaña contra quienes venden drogas ilegalmente**
Efrén	enfermedades sicológicas de los jóvenes	gran sensiblidad frente a los problemas y aspiraciones de los jóvenes

Additional Listening Activity 11-4, p. 88

1. b   2. b   3. a   4. b

Additional Listening Activity 11-5, p. 89

COUNTRY	WHAT SHE WOULD DO
Chile	escalar los Andes
Ecuador	**comprar ropa y artesanías**
Venezuela	ir de vacaciones a Isla Margarita
Argentina	**ir a los partidos de fútbol**

Additional Listening Activity 11-6, p. 89

Aldo	Hypothetical Situation	Enrique
empezar una fundación para conservar el Amazonas	$1.000.000	**empezar una estación de radio**
Hacer más grandes las selvas amazónicas y más largos los ríos	Cambiar el mundo	**una cura para el cáncer**
presidente del país	Ser otra persona	**un tenista famoso**

Spanish 3 ¡Ven conmigo!, Chapter 11

PRIMER PASO

Activity 7

KERRI   Hola. Me llamo Kerri. Cuando era niña soñaba con ser maestra. Me interesaba mucho lo que hacían mis profesores y profesoras. Hace cinco años me gradué de la universidad y enseñé por un año. El año pasado decidí cambiar de carrera y tomé un trabajo como vendedora de carros usados. ¿Quieres comprar un carro?

RENATO   Y yo me llamo Renato. Pienso que una persona debería tener varias carreras durante su vida. El año pasado comencé un trabajo nuevo. Antes trabajé como consejero en un colegio, pero ahora trabajo en un banco.

PAOLA   Yo me llamo Paola. Hace diez años sólo pensaba en ser médica. Hasta asistí a la Escuela de Medicina por tres años. Decidí tomar unas clases de arquitectura y hace dos años encontré un buen trabajo como arquitecta en San José.

DOUGLAS   Hola, soy Douglas. De niño siempre me encantaba trabajar y ganar mi propio dinero. A los siete años, vendía limonadas en mi calle y cuando tenía quince años comencé a trabajar en el supermercado. El año pasado encontré un trabajo en una tienda de computadoras y me gustó mucho.

Answers to Activity 7
1. falsa; A Kerri le encanta su trabajo de vendedora de carros.
2. cierta
3. falsa; Renato ha trabajado como consejero y como banquero.
4. cierta
5. falsa; Paola ahora trabaja felizmente como arquitecta.
6. falsa; Douglas trabajó de niño vendiendo limonada y en el supermercado.

Activity 12

1. Yo soy Mario. Creo que hay gran necesidad de personas que quieran dedicarse a encontrar curas para enfermedades como el cáncer. Cuando tenía diez años, quería ser médico, y el año que viene pienso asistir a la Facultad de Medicina.
2. Me llamo Juana. Me gusta hablar y creo que tengo buena personalidad y buena presencia. Me gustaría trabajar en algo que me ofrezca muchas oportunidades de hablar con la gente. Voy a buscar un trabajo en ventas.
3. Soy Miguel. De niño me encantaba mirar los partidos de baloncesto en la tele. Sólo pensaba en hacer ejercicio y jugar al baloncesto. El año pasado, una universidad me dio una beca para jugar.
4. Hola. Me llamo Claudia. Quiero llegar a ser una artista famosa. Me encantaría pintar y vender mis cuadros por todo el mundo. Estoy tomando clases de arte en mi colegio, y quiero trabajar algún día con un artista profesional y aprender más.
5. Soy Teresa y tengo 18 años. No sé exactamente qué carrera quiero seguir, pero me interesaría estudiar una carrera relacionada con las ciencias. Estoy muy preocupada por el medio ambiente y estoy segura que trabajaré en algo relacionado con su conservación.

Answers to Activity 12
1. A   2. F   3. P   4. F   5. F

SEGUNDO PASO

Activity 22

1. ¿Quieres un consejo? Mira, cuando vayas a la entrevista, es importante que te vistas con cuidado y elegancia. Te recomiendo que uses colores serios, como negro, gris, azul o café. Lo ideal es tener mucho cuidado en el vestir. ¿Me entiendes?

2. Te puedo recomendar muchas cosas, pero hay algo que estoy segura que molesta mucho a la gente que te entrevista. Es mejor que no comas dulces ni mastiques chicle. ¿Te puedes imaginar una persona bien vestida masticando chicle? Eso no lo debes hacer, ¿entendido?

3. ¿Quieres que te dé un buen consejo? Te aconsejo que no hables mucho de tu experiencia. La persona que te entrevista no quiere escuchar una lista de todas tus experiencias profesionales.

4. Te aconsejo que te quedes en silencio. Lo ideal es no hacerle preguntas al entrevistador, sobre todo sobre los sueldos y beneficios. Ellos quieren saber que tú no estás interesada en el dinero.

5. El mejor consejo que puedo darte es el siguiente. Lleva tu currículum vitae y dos cartas de recomendación. La persona que te haga la entrevista va a leerlos con mucha atención.

6. No debes preocuparte mucho por la entrevista. No importa tu apariencia porque debemos aceptar a las personas tal como son. No olvides que lo importante es ser auténtico.

7. A los entrevistadores no les gusta la gente muy callada. Prepara unas preguntas para el entrevistador. Debes mostrar interés en todos los aspectos del trabajo.

8. A los entrevistadores les gusta la gente que habla bien. Te recomiendo que te expreses bien. Si tú te expresas bien, eso demuestra que puedes pensar bien. Y eso es muy importante en el trabajo que tú buscas.

Answers to Activity 22

1. lógico	3. ¡Qué va!	5. lógico	7. lógico
2. lógico	4. ¡Qué va!	6. ¡Qué va!	8. lógico

Activity 25

1. Mira, el trabajo que ofrecemos es importante para nosotros. Necesitamos una persona que sea lista y creativa. Buscamos una persona que sea independiente y segura de sí misma.

2. Los logros en la escuela son importantes para ellos. Prefieren estudiantes que saquen buenas notas. Buscan personas que sean o hayan sido excelentes estudiantes.

3. Acabo de conversar con María. Ella prefiere trabajar con la chica que tiene experiencia en ventas. María no quiere perder mucho tiempo enseñándole a alguien cómo vender.

4. Ayer tomamos nuestra decisión acerca de la persona que queremos que trabaje aquí. Vamos a escoger una persona que tenga buenas referencias. De modo que tengo que hacer muchas llamadas telefónicas hoy.

5. Hablé con el jefe de Ventas de la Tienda La Moda Parisina. La tienda quiere a la vendedora que es bilingüe. Dicen que muchos de sus clientes hablan francés y ella sería la persona ideal.

6. Buenas tardes. Busco a Roberto, un señor que sabe reparar computadoras. ¿Lo ha visto por aquí?

7. Hoy por la mañana hablé con la contadora Martínez acerca del nuevo puesto. No queremos trabajar con alguien que siempre llegue tarde. Eso sería un problema para todo el grupo ya que hay que entregar el trabajo a tiempo todos los días.

Answers to Activity 25

1. no específico	3. específico	5. específico	7. no específico
2. no específico	4. no específico	6. específico	

REPASO

Activity 1

Cuando era niña, mi gran ambición era ser arqueóloga. Cuando tenía diez años, quería más que nada ir a Egipto a ver las pirámides y las ruinas. A los doce años mi familia y yo fuimos a Egipto. Me divertí tanto que decidí ahí mismo que sí iba a ser arqueóloga. Hace cinco años, oí de un programa especial de verano para estudiantes que quieren aprender más sobre las culturas antiguas. Fui con otros estudiantes de mi edad a Honduras, donde exploramos varios templos y edificios construidos por los mayas. El año pasado, me gradué de la universidad con mi doctorado en arqueología y quiero seguir explorando las ruinas mayas en Honduras.

Answers to Repaso Activity 1
1. falsa; Josefina se graduó con un doctorado en arqueología.
2. cierta
3. falsa; Oyó hablar de un programa de verano en Honduras.
4. no se sabe
5. cierta

158 Listening Activities

Spanish 3 ¡Ven conmigo!, Chapter 12

ot copyright © by Holt, Rinehart and Winston. All rights reserved.

Scripts for Additional Listening Activities

Additional Listening Activity 12-1, p. 95

MANOLO De niño tenía una idea exacta de lo que quería ser en el futuro—¡sólo que eran muchas profesiones! Cuando tenía cinco años, por ejemplo, quería ser policía. Me encantaba la idea de pasar todo el día en la calle. Cuando tenía diez años, quería ser mecánico para arreglar mi propio carro. Luego, cuando era joven y vendía periódicos, quería ser periodista. Quería escribir reportajes y viajar por todo el mundo. Hace ocho años trabajaba como vendedor de productos farmacéuticos y ahí fue donde encontré lo que pensé qué era mi verdadera profesión. Así que me inscribí en la escuela de medicina. Hoy, soy un médico y trabajo en el Hospital de la Luz, pero el año pasado descubrí que lo que realmente quiero ser es escritor de poesía. Me encanta escribir poemas y quiero llegar a ser un escritor famoso.

Additional Listening Activity 12-2, p. 95

SILVIA Mis cinco hermanas han cambiado de opinión acerca de sus planes profesionales para el futuro. De niña, Rosita quería ser carpintera. Le fascinaba construir casas de madera. Hoy dice que quiere ser científica; le encantan las matemáticas, la física y la química. Socorro quiere llegar a ser técnica de computadoras porque conoce muy bien todos los programas de computación y ya está diseñando sus propios programas. Pero no siempre era así. Cuando tenía cinco años, ella quería ser abogada. Le encantaba discutir acerca de todo. Hace diez años, Nora quería ser enfermera. Le encantaba vestirse de blanco y jugar a enfermera. Hoy, ella dice que le gustaría estudiar para sicóloga. Dice que buscará dar consulta a niños. Susana dice que va a ser comerciante porque quiere ser independiente. Cuando era joven, en cambio, ella quería ser periodista. Escribía en los periódicos de todas las escuelas a las que fue. De niña, Esperanza quería ser arquitecta. Le encantaba dibujar e imaginar casas. Hoy dice que buscará estudiar ingeniería.

Additional Listening Activity 12-3, p. 96

PACO Buenas noches, amigos. Le damos la bienvenida a nuestra entrevistada del día de hoy, Pilar Ceja, directora de la nueva revista *Mundo Científico*. Pilar, ¿cómo llegaste a la conclusión de que querías llegar a ser periodista científica?

PILAR Mira, Paco, cuando yo era joven, quería ser muchas cosas: ingeniera, médica, escritora y periodista. Pero eran mundos muy distintos. Mis profesores de ciencias me animaban a estudiar ingeniería. Mis profesores de literatura decían que yo debería estudiar literatura o periodismo. Finalmente, les hice caso a todos mis profesores, y me dije: "Voy a ser periodista, pero también quiero llegar a ser científica". Y así lo hice. Pensé también: "Voy a trabajar en revistas científicas". Nunca me imaginé, por supuesto, que iba a tener tanto éxito. Y desde hace un mes estoy dirigiendo mi propia revista, *Mundo Científico*.

PACO ¿Y qué planes tienes para el futuro, Pilar?

PILAR Es difícil de saber, Paco, pero te puedo decir que he tenido que aprender otras profesiones, de las cuales no conocía nada. Ahora soy, además de periodista científica, contadora, vendedora, diseñadora gráfica y hasta técnica de computadoras. Y me gustaría aplicar estos conocimientos en otros campos de especialización. Por ejemplo, me encantaría abrir una revista de poesía, o editar una antología de cuentos de ciencia ficción.

Additional Listening Activity 12-4, p. 96

TERESA   Ay, Roberto, me muero de miedo. Tengo una entrevista de trabajo en el banco el próximo lunes.

ROBERTO   No te preocupes, Teresa. Lo más importante es no hacer muchas preguntas. Para conseguir un trabajo, no debes parecer muy agresiva. Te aconsejo también que te olvides del currículum vitae. Te aseguro que no los lee absolutamente nadie.

CARMEN   Hola, muchachos, ¿de qué hablan con tanto ánimo?

TERESA   De mi próxima entrevista de trabajo el lunes por la mañana, Carmen.

CARMEN   Mira, Teresa, no olvides de vestirte bien. Es importante que hagas una buena impresión. Ah, y te aconsejo que llegues temprano a la entrevista, ¡pero no demasiado temprano! Y lo ideal es que te expreses muy bien. ¿Quieres practicar conmigo? Yo te hago preguntas y tú me contestas. Si quieres, vamos a tomar un refresco y practicamos juntas.

TERESA   Sí, me encantaría.

LUIS   Hola, chicos, ¿adónde van?

CARMEN   Al café de la esquina a practicar una entrevista de trabajo con Teresa.

LUIS   ¿Así que tienes una entrevista de trabajo? No te preocupes, Teresa. A los gerentes les gustan los empleados sinceros. Lo más importante es ser espontánea.

Additional Listening Activity 12-5, p. 97

MIGUEL   Sabrina, ¿qué me recomiendas para tener éxito en mi entrevista de trabajo con los Almacenes Tía Trini?

SABRINA   Mira Miguel, primero te recomiendo que llegues temprano a la entrevista. Llega por lo menos diez minutos antes de la hora.

MIGUEL   Muy bien, ¿pero cómo voy vestido?

SABRINA   Debes vestirte bien. No olvides que las apariencias cuentan en las entrevistas. Lleva corbata y un traje oscuro.

MIGUEL   ¿Y qué más?

SABRINA   Mira, Miguel, cuando entres en la oficina, es importante que seas sincero y espontáneo.

MIGUEL   ¿Y si me pregunta quiénes son mis referencias?

SABRINA   Lo ideal es preparar una lista de los números de teléfono y las direcciones de tus referencias antes de la entrevista. Y te recomiendo que lleves dos o tres cartas de referencia.

MIGUEL   Ay, Sabrina, si pudiera lo haría, ¡pero la entrevista es en media hora!

SABRINA   Bueno, si no las tienes todavía, debes decirle que le enviarás las cartas de referencias por fax cuando llegues a casa.

Additional Listening Activity 12-6, p. 97

ESTRELLA   Ay, Ana, ayer fui a la entrevista de trabajo en la tienda de discos y me fue muy mal. Si estuviera aquí Arturo, le diría cuatro palabras. Estoy tan enojada.

ANA   ¿De veras? ¿Qué pasó, Estrella?

ESTRELLA   Pues nada. ¿Te acuerdas que Arturo me recomendó que me vistiera bien?

ANA   Sí, claro.

ESTRELLA   El gerente iba vestido muy informal, con blue jeans y camiseta. Y yo iba lista para una fiesta de gala. Parecía que yo era la jefa y él el empleado.

ANA   Lo siento mucho, Estrella.

ESTRELLA   ¿Recuerdas que tú me recomendaste que fuera sincera?

ANA   Pues claro.

ESTRELLA   Bien, pues yo le dije al gerente que alguien se había equivocado al escribir la solicitud. ¿Y quién crees que estaba equivocado?

ANA   ¿No me digas? ¿El gerente?

ESTRELLA   El mismo.

ANA   Ay, 'manita. Lo siento mucho. Si pudiera cambiar mis consejos, te daría unas recomendaciones muy distintas ahora.

Answers to Additional Listening Activities

Additional Listening Activity 12-1, p. 95

	quería ser	era	es	quiere ser
vendedor de periódicos		✔		
mecánico	✔			
vendedor de productos farmacéuticos		✔		
médico			✔	
periodista	✔			
poeta				✔
policía	✔			

__True__ True or false? Manolo used to change his mind a lot, but now he has a clear idea of the kind of work he wants to do.

Additional Listening Activity 12-2, p. 95

1. d, h   4. c, i
2. a, j   5. b, g
3. e, f

Additional Listening Activity 12-3, p. 96

1. a   4. a
2. b   5. a
3. b   6. b

Additional Listening Activity 12-4, p. 96

Consejo	Roberto	Luis	Carmen
vestirse con cierta formalidad			X
ser sincera y espontánea		X	
no llevar el currículum vitae	X		
practicar la entrevista			X
no hacer muchas preguntas	X		
llegar temprano			X

Additional Listening Activity 12-5, p. 97

1. b   4. b
2. a   5. b
3. b   6. a

Additional Listening Activity 12-6, p. 97

1. b   4. b
2. a   5. b
3. b

Scripts and Answers for Testing Program

Quiz 1-1B Primer Paso

I. Listening

1. Paula y Federica son fanáticas de las iglesias del siglo catorce. Hoy fueron a ver una que era muy hermosa y antigua.
2. El tercer día en París yo ya estaba harto de ver museos, entonces me la pasé tomando un refresco en un café, mirando a la gente que pasaba por la calle.
3. Pablo es un gran aficionado a la fotografía. Por eso siempre lleva su cámara cuando sale de vacaciones.
4. A mis amigos las ciudades modernas les parecen un rollo. Por el contrario, son muy aficionados a las visitas a los monumentos históricos.
5. María se quedó en la habitación del hotel. No nos acompañó porque dijo que estaba harta de ver castillos. ¡Qué lástima, porque este castillo es realmente una maravilla!
6. Todos somos fanáticos de la playa, menos Elenita. Ella fue allí con nosotros pero nada más se la pasó a la sombra, leyendo un libro.

Quiz 1-2B Segundo Paso

I. Listening

MARTÍN   ¿Quién es este señor?

ADELA   ¿El calvo? Él es mi tío Federico. Y la rubia que ves a su lado es su esposa, mi tía Lilia. En la foto parece bastante seria, pero los dos son muy buena gente.

MARTÍN   ¡Qué chica más bonita! Pero parece muy seria. ¿Quién es?

ADELA   Es mi prima Pilar. Es seria pero también es muy buena gente. El chico del pelo rizado es su hermano, Felipe. No se ríe mucho pero es simpático.

MARTÍN   ¿Quiénes son éstos?

ADELA   Ah, ellos son mis primos Lidia, Marcela y Pedro. Marcela es la que lleva anteojos.

MARTÍN   ¿Cómo son?

ADELA   Me caen bien todos. Pedro, en especial, ¡es un tío estupendo!

MARTÍN   ¿Quién es el señor que tiene bigote?

ADELA   ¿Estás hablando de esta foto de aquí?

MARTÍN   Sí. Y la señora a su lado me parece muy amigable.

ADELA   Lo es. Ella es mi tía Consuelo y él es mi tío Juan. Ella es muy seria, pero tiene muy buen sentido del humor.

MARTÍN   ¿Y esta foto del señor que tiene barba? ¿Quién es?

ADELA   Él es Miguel, el primo de mi madre. La señora que lleva anteojos es Ofelia, su esposa.

Answers to Quiz 1-1B

A. (12 points: 2 points per item)
1. d
2. f
3. b
4. a
5. c
6. e

Answers to Quiz 1-2B

A. (15 Points: 3 points per item)
1. b
2. c
3. a
4. a
5. b

Scripts and Answers for Chapter 1 Test

I. Listening

A.   ROSA   ¡Beatriz! ¡Beatriz! Hola, chica. Feliz año nuevo. ¿Qué tal las vacaciones?

         BEATRIZ   Hola, Rosa. Feliz año. Llegamos anoche de la Florida. Estuve con mis papás y mis hermanas en casa de mis abuelos.

         ROSA   ¡Qué bueno! Entonces, ¿fuiste mucho a la playa?

         BEATRIZ   Sí, todos los días. Y, ¿sabes? Tomé clases de buceo. ¡Me divertí muchísimo! Y tú, Rosa, ¿adónde fuiste?

         ROSA   Ay, chica, déjame decirte lo que pasó. Mi hermano y yo teníamos ganas de esquiar y pensábamos ir a la montaña. Pero Pepe se enfermó y tuvo que quedarse en casa todo el tiempo.

         BEATRIZ   Y tú, pobrecita, ¿qué hiciste?

         ROSA   Bueno, escuché música, fui al cine con los amigos y jugué a las cartas con Pepe.

         BEATRIZ   Parece que no lo pasaste tan mal.

         ROSA   Tan mal, no. ¡Pero todavía tengo ganas de esquiar!

B.   Hola. Soy Consuelo Suárez. En mi familia somos cuatro personas: mi madre, mi padre, mi hermano Lorenzo, y yo. Este año vamos a pasar las vacaciones en la costa gallega. Lorenzo no quería ir a la costa—él siempre prefiere las montañas porque está loco por montar a caballo. Es muy atlético, ¿sabes? Pero a mí no me gusta montar a caballo y además estoy harta de ir a las montañas. Mi padre le dijo a Lorenzo que también en Galicia se puede montar a caballo y que allí se pueden hacer muchas cosas más, como pasear en velero, practicar el esquí acuático, o simplemente ir a la playa. Yo quería conocer otro país, como Francia o Alemania. Pero mi madre me prometió que podríamos pasar unos días en Portugal. A mi padre le gustó la idea de pasar las vacaciones en Galicia porque es fanático de la comida gallega. Soñaba con los mariscos, el caldo gallego y la merluza a la marinera. Y a mi madre le gusta el clima de Galicia—húmedo y fresco, con un paisaje muy verde. De esa manera no tiene que aguantar el calor de Madrid. Así que, todos de acuerdo, ¡a Galicia!

Answers   Maximum Score: 26 points

A. (10 points: 2 points per item)
1. b
2. c
3. a
4. a
5. c

B. (16 points: 2 points per item)
6. c
7. a
8. c
9. d
10. b
11. a
12. c
13. d

Quiz 2-1B Primer paso

I. Listening

A. GREGORIO ¿Teresita? Habla Gregorio. Mira, pero estoy completamente agotado. En mi trabajo hay demasiado que hacer. Yo no puedo resolver todos los problemas del mundo. Y además, me parece que soy el único que está tan agobiado en la oficina. Todos los demás llegan a las nueve y salen cuando dan las cinco. Yo, en cambio, siempre tengo que quedarme hasta muy tarde. ¿Qué debo hacer para aliviar el estrés?

JAVIER Hola, Teresita. Soy Javier. Quería pedirte un consejo. Estoy muy ansioso porque pienso pedirle a mi novia que se case conmigo. Hace dos años que somos novios y creo que es hora de casarnos. Pero no sé qué debería decir. Cada vez que hablo con ella, me pongo nervioso y no me salen las palabras correctas. ¿Qué me recomiendas?

ELISA Buenas tardes, Teresita, me llamo Elisa. Oye, acabo de tener una visita con mi médico y me dijo que subí de peso 10 libras. Lo que pasa es que este semestre tengo cuatro clases y todas son difíciles. Sufro mucho de tensiones por la tarea y los exámenes. En mis ratos libres prefiero descansar en vez de ir al gimnasio. ¿Qué me aconsejas hacer?

CARMELA Teresita, habla Carmela. Estoy completamente histérica. Mi mamá está enojada conmigo porque no regresé a casa anoche hasta muy tarde. Ahora me dice que no puedo salir con mis amigas por una semana. Ella cree que llevo una vida muy agitada y que debo quedarme en casa con la familia. Eso no es justo. Esta semana mis amigos me invitaron a un concierto al que quiero asistir. ¿Puedes darme algún consejo?

Quiz 2-2B Segundo paso

I. Listening

A. 1. MARCELA Para mantenerse en forma es necesario alimentarse bien, hacer ejercicio y dormir lo suficiente.

2. JOSÉ Si quieres relajarte, no debes compartir tus problemas con nadie. Después de todo, ya tienes muchos problemas que resolver. ¿Para qué sufrir de las presiones de otra persona?

3. ALEJANDRA Los buenos hábitos de alimentación son muy sencillos. Hay que estar siempre a dieta, pesarse todos los días y ¡nunca, nunca reírse con la boca llena!

4. FELIPE El sol fuerte de la playa es un peligro para la piel. Deberías usar un sombrero y ponerte crema protectora para no quemarte.

5. BEATRIZ La sal y la grasa forman parte de una dieta sana, pero hay que darse cuenta que pueden contribuir a ciertos problemas de la salud.

6. POLITO Si siempre estás cansada te recomiendo que te quedes frente a la tele por varias horas todos los días.

7. JUAN ¿Crees que tú personalmente tienes que resolver todos los problemas de la sociedad? Date cuenta que no estás solo. Toma las cosas con calma y no olvides reírte de vez en cuando. No puedes contribuir a las soluciones si estás agobiado de tensiones.

8. CARMEN ¿Qué debes hacer cuando el trabajo te causa mucho estrés? Pues, te aconsejo irte a casa, ducharte con agua caliente, tomar un té sin cafeína y dormirte temprano.

Answers to Quiz 2-1B

A. (16 points: 4 points per item)
1. c
2. e
3. a
4. b

Answers to Quiz 2-2B

A. (16 points: 2 points per item)
1. a
2. b
3. b
4. a
5. a
6. b
7. a
8. a

I. Listening

A. **1.** ELENA Todos los días, me levanto a las seis de la mañana y me ducho. Luego voy a la escuela. Nunca desayuno porque necesito cuidarme el peso y estoy a dieta. Para el almuerzo como un sándwich si tengo tiempo, pero muchas veces no almuerzo porque no me doy cuenta de la hora. Después de hacer ejercicio, tomo uno o dos refrescos.

2. DIEGO Muchas veces me quedo frente a la tele unas dos horas por la tarde. Después, siempre estudio o leo una hora y media, y luego ceno con mi familia. Luego veo televisión otra vez. Eso sí, creo que no duermo lo suficiente porque ¡siempre me duermo en la clase de historia al día siguiente!

3. KARÍN Las papas fritas, uy, me encantan. Siempre les echo mucha sal y me las como mientras leo mis tiras cómicas favoritas. Hoy pienso cenar una hamburguesa y tal vez tomar un helado después. Después de todo, el cuerpo necesita grasa para tener energía, ¿no? Luego voy a acostarme. Yo considero que hago ejercicios cada vez que voy a la cocina—¡queda muy lejos del sofá!

4. HAROLDO Siempre paso una o dos horas tomando el sol. Me gusta estar bien bronceado. Pero siempre me pongo crema protectora porque sé que el sol representa un peligro para la piel y no quiero quemarme.

B. NARRADOR Dos amigas, Isabel y Elena, se arreglan para ir a una fiesta en casa de Ana. Las dos chicas se están vistiendo ahora. Elena se pone histérica.

ELENA ¡Ay, Dios mío! Mira mi vestido. ¡No puedo ir a la fiesta!

ISABEL Cálmate, Elena. ¿Qué te pasa?

ELENA ¿No ves? Subí de peso. No puedo llevar mi vestido nuevo. Todo el mundo se va a reír de mí. ¿Qué me aconsejas?

ISABEL Yo te resuelvo el problema. Aquí tienes mi vestido del año pasado. Yo llevaba una vida muy agitada y comía para aliviar el estrés. Pero luego me di cuenta que estaba un poco gorda y empecé a cuidarme el peso. Estuve a dieta todo el año y ahora estoy más delgada.

ELENA Pero, ¿qué debo hacer? ¿Qué me recomiendas?

ISABEL Bueno, hija, lo primero es relajarte. No te pongas tan nerviosa ni ansiosa. Toma las cosas con calma.

ELENA Y para bajar de peso, ¿puedes darme algún consejo?

ISABEL Deberías alimentarte bien. Hay que tener buenos hábitos de alimentación. No le eches mucha sal a la comida, come poca grasa, haz ejercicio. Y duerme lo suficiente: si estás rendida por las tensiones que sufres no vas a comer comida sana y bien preparada.

ELENA Isabel, voy a tratar de mantenerme en forma. Ahora soy yo la que voy a reírme— ¡de todos mis problemas! Gracias por los consejos y por el vestido.

ISABEL No hay problema, Elena. Vas a sentirte mucho mejor si tomas las cosas con calma. Y si quieres, podemos comenzar un programa de ejercicio para ayudarnos a cuidar el peso.

ELENA Sí. Podemos correr después de las clases, pero no queremos quemarnos. Deberíamos ponernos crema protectora. Pero ahora, ¡vamos a la fiesta!

Answers Maximum Score: 30 points

A. (16 points: 2 points per item)
1. d
2. b
3. a
4. b
5. b
6. b
7. c
8. a

B. (14 points: 2 points per item)
9. c
10. b
11. a
12. a
13. c
14. b
15. b

Listening Scripts and Answers for Quizzes 3-1B, 3-2B

Quiz 3-1B Primer paso

I. Listening

A. | ARMANDO | Perdóname por llegar tarde, mi amor. Es que había mucho tráfico. Ya sabes cómo está la autopista a estas horas. |
| --- | --- |
| ELENA | No te preocupes, mi vida. Ya sé que vienes muy cansado, pero así es la vida moderna. Nos la pasamos corriendo. |
| ARMANDO | ¿Te acuerdas de cómo era Caracas cuando éramos jóvenes? |
| ELENA | Claro que sí me acuerdo. |
| ARMANDO | La ciudad ha crecido tanto que ya no la conozco. Han construido autopistas por todas partes. ¡Y los rascacielos! Parece que hay uno en cada cuadra. Y el tráfico es horrible. Ha empeorado mucho en los últimos años. ¿Sabes? A veces pienso que son muy pocas las cosas que han mejorado. |
| ELENA | Tampoco hay que ver nada más lo negativo. Ten en cuenta que también hay muchas cosas buenas en la vida moderna, como la computadora, el horno de microondas, el teléfono celular y la videocasetera. Es cierto que hay problemas, como la calidad del aire, por ejemplo. Pero lo importante es que por lo menos ahora sabemos lo que tenemos que hacer para que mejore. |
| ARMANDO | Tienes razón, mi amor. La tecnología la podemos usar para bien o para mal. |

Quiz 3-2B Segundo paso

I. Listening

A. | HERNÁN | Mi amor, ¿qué haces viendo los anuncios de computadoras? |
| --- | --- |
| YOLANDA | Me imagino que voy a tener que trabajar en casa, así que me gustaría comprar una computadora para la nueva casa, ¿no crees? |
| HERNÁN | A mí me parece que ya trabajas mucho tiempo y no necesitas trabajar en la casa también. |
| HERNÁN | ¿Qué te parece un contestador para el teléfono? |
| YOLANDA | No me gustan los contestadores porque no puedo tener confianza en ellos. |
| HERNÁN | A mí se me hace que una contestadora es muy útil porque estamos fuera de casa casi todo el día. |
| HERNÁN | Creo que vale la pena comprar también una videocasetera. Me gusta ver películas. |
| YOLANDA | La verdad es que no sé. Vamos a perder mucho tiempo. ¿Qué te parece un horno de microondas? |
| HERNÁN | No me gusta el horno de microondas ni la comida empaquetada. |
| YOLANDA | Lo siento, mi amor. Lo que es importante del microondas es que no tenemos tiempo de preparar la comida. |
| HERNÁN | Creo que vale la pena también comprar un lavaplatos, ¿no crees? |
| YOLANDA | No, porque tú vas a lavar los platos. ¿Verdad, cariño? |

Answers to Quiz 3-1B

A. (10 points: 2 points per item)
1. a
2. a
3. b
4. a
5. b

Answers to Quiz 3-2B

A. (20 points: 4 points per item)
1. b
2. a
3. a
4. b
5. a

Spanish 3 ¡Ven conmigo!, Chapter 3

Scripts and Answers for Chapter 3 Test

I. Listening

A. ESTEBAN Los miembros del club hablaron de cómo ha cambiado el mundo en el siglo veintiuno. Paula dijo que todos hemos ayudado a buscar soluciones a los problemas del medio ambiente que creó la humanidad en el siglo veinte. Carlota dijo que hemos aprendido a botar menos basura y reciclar más. También señaló que hemos encontrado nuevas formas de energía. Esteban dijo que hemos aprendido a usar más la energía solar y menos la energía nuclear. Paula está segura de que el uso de carros eléctricos ha ayudado a mejorar la calidad del aire. Carlota piensa que lo importante ha sido la siembra de árboles. Por otro lado, Paula anotó que muchos árboles han muerto por la contaminación. Esteban también dijo que otras especies se han enfermado más por la contaminación del aire y del agua.

B. 11. FABIOLA Creemos que la gente ya no hará trabajo pesado, como construir autopistas. Las máquinas harán todo lo difícil por los seres humanos.

12. ARSENIO Todos los edificios serán bajos—en la ciudad del futuro ya no se construirán rascacielos porque los edificios altos resultan en desperdicio de energía.

13. FABIOLA Habrá autopistas grandes entre las diferentes partes de la ciudad, pero no habrá mucho tráfico en ellas porque muchas personas trabajarán en casa con sus computadoras y aparatos de telecomunicación.

14. ARSENIO La calidad del aire será mucho mejor en la ciudad del futuro, porque los carros del futuro no van a contaminar el aire.

15. FABIOLA La gente ya no irá a un centro de oficinas para trabajar. Los teléfonos celulares serán importantes en la vida diaria de la gente que vive en la ciudad del futuro.

Answers Maximum Score: 30 points

A. (20 points: 2 points per item)

1. b	6. b
2. b	7. a
3. b	8. a
4. a	9. b
5. b	10. b

B. (10 points: 2 points per item)

11. a
12. b
13. b
14. a
15. a

Listening Scripts and Answers for Quizzes 4-1B, 4-2B

Quiz 4-1B Primer paso

I. Listening

A.   CARLOS   Muy buenas tardes estimados radioyentes. Acaba de abrir sus puertas el nuevo restaurante El Caraqueño que queda en la urbanización Glorieta. Fui el sábado y probé los siguientes platos: la ensalada de aguacate, el bistec a la parrilla, el pargo frito y las caraotas negras. También probé dos postres: el quesillo y la torta de chocolate. No me gustó la ensalada de aguacate. Había más lechuga que aguacate. El bistec estaba en su punto pero me sirvieron el pargo casi sin cocinar. A las caraotas les faltaba sal. Tampoco me gustó uno de los postres. Para la torta de chocolate creo que se les olvidó el chocolate—tenía sabor a pan, y no a postre. Pero el quesillo, ése sí estaba riquísimo. Los precios, sin embargo, son altísimos. Mi recomendación, por lo tanto, es ir a comer a otro lugar. Muy buenas tardes, señores y señoras, y ¡buen provecho!

Quiz 4-2B Segundo paso

I. Listening

A.   ANITA   Voy primero a la lechería que queda en la calle Mena. Voy a preparar un quesillo y necesito más leche.

ROBERTO   Entonces hazme el favor de llevarme a la ferretería que está en la misma calle. Me puedes dejar allí y voy caminando a la tienda de refacciones.

ANITA   Cómo no. Si quieres yo te busco en la tienda de refacciones. Así no tendrás que caminar con los paquetes. Pero escucha, creo que camino a la tienda de refacciones vas a pasar por la pastelería, ¿no es cierto?

ROBERTO   Sí, ¿por qué?

ANITA   Entonces, ¿me podrías comprar una torta de chocolate grande? Son riquísimas allí.

ROBERTO   Claro, pero ¿serías tan amable de decirme para quién son estos postres tan deliciosos?

ANITA   Son para una fiesta, ¿por qué?

ROBERTO   Bueno, este... Es que, como mañana es mi cumpleaños...

ANITA   ¡Ay, Roberto, pobre! ¿Creías que eran para ti? Es que es el aniversario de boda de mis abuelos.

ROBERTO   Entonces, ¿te pido un favor más?

ANITA   Cualquier cosa, hombre.

ROBERTO   ¿Me invitas a la fiesta?

ANITA   Bueno, bueno...

Answers to Quiz 4-1B

A. (10 points: 2 points per item)
1. a
2. b
3. b
4. b
5. a

Answers to Quiz 4-2B

A. (10 points: 2 points per item)
1. A
2. N
3. R
4. R
5. R

I. Listening

A.

MADRE	Hola hija. ¿Me podrías ayudar con los paquetes? Tengo mucha hambre. ¿Qué tal la cena?
CONSUELO	Ay, mamá, yo iba a preparar el pollo asado como decidimos esta mañana pero se me olvidó ponerlo al horno.
MADRE	Bueno, no importa. Comeremos otra cosa. Podemos hacer una tortilla a la española.
CONSUELO	Ay, mamá, ¡qué vergüenza tengo! Es que se me acabaron las papas ayer. ¡Y hoy se me cayeron los huevos!
MADRE	¿De veras? En ese caso puedo preparar una sopa de legumbres y unos bocadillos de chorizo y queso.
CONSUELO	Lo siento, mamá. Alicia y Marta pasaron por la casa en la tarde. Teníamos hambre y comimos todo el queso y chorizo que había. No nos queda nada de pan tampoco.
MADRE	¿No quedaba un poco de bacalao de ayer?
CONSUELO	Creo que está echado a perder.
MADRE	¿Y no pudiste salir al supermercado para comprar algo?
CONSUELO	Por desgracia se me descompuso el coche.
MADRE	Pronto llegarán tu papá y Marisol y querrán cenar.
CONSUELO	No te preocupes, mamá. Iré caminando a la bodega ahora mismo.
MADRE	No es necesario, mi vida. Yo tengo otra idea. Hay unos nuevos negocios que se especializan en traer comida a la casa. No más tenemos que llamar y nos traen el pedido.
CONSUELO	¡Estupendo! ¡Lo único que nos queda por hacer es escoger entre "Telepaella" y "Prontomarisco"!

B. Es la una y media de la tarde y yo acabo de despertarme. Es que me acosté a las cinco de la mañana. Tuve un día horrible y estoy totalmente rendido. Todo empezó cuando llegué a las cuatro de la tarde al restaurante donde trabajo. Puse las mesas primero. Después el cocinero me mandó a unas tiendas para comprar aguacates y tomates. Tan pronto como volví a "Los tres tenedores" los clientes comenzaron a llegar. Me puse la chaqueta negra y la corbata y salí al comedor. Una señora se quejaba que los cuchillos estaban sucios. Un señor se puso furioso porque a la trucha le faltaba sal. Otra señora dijo que el cochino asado estaba echado a perder. Y una señorita dijo que el bacalao le cayó gordo. Poco a poco se me acababa la paciencia. Me ponía tan ansioso. Tenía ganas de volver a casa para relajarme. Por fin a las dos de la mañana se cerró el restaurante. Subí a mi carro y fui para la casa. Al rato allí en plena carretera se me descompuso el carro. Sí quedaba gasolina y aceite. Decidí llamar a mi amigo Paco que es mecánico. Él vino a buscarme y me llevó a mi casa. También hizo llevar el carro al taller. Menos mal que no trabajo hoy porque tengo que buscar mi carro a las seis. Estoy seguro que me va a costar una fortuna. ¡Esos clientes que se quejaban tanto anoche ni me dejaron buenas propinas!

Answers   Maximum Score: 30 points

A. (20 points: 2 points per item)

1. a
2. a
3. b
4. a
5. a
6. a
7. b
8. a
9. a
10. b

B. (10 points: 2 points per item)

11. a
12. a
13. b
14. b
15. a

Quiz 5-1 B Primer paso

I. Listening

A. 1. JAVIER Alguien me dijo que Guadalajara es una ciudad muy importante en México.
   MARTA Eso es. Es la capital del estado de Jalisco.
2. JAVIER Oí que vamos a ver a los charros, pero la verdad es que no sé qué son.
   MARTA Según me dice el profesor son unos vaqueros que montan a caballo y llevan ese sombrero grande. Debe ser interesante la exhibición, ¿no crees?
3. JAVIER Claro que sí. Y podemos oír a los mariachis tocar música. ¡Bailemos el jarabe tapatío en la Plaza Tapatía!
   MARTA ¡Qué va! ¡Nada de eso, Javier! Yo prefiero ir a ver los murales de Orozco.
4. JAVIER Cómo quieras. Pero dicen que el Lago de Chapala vale la pena. ¿No quieres comer pescado blanco?
   MARTA Por supuesto. Me encanta comer pescado fresco.
5. MARTA Pero por ahora, ¿qué te parece si tratamos de aprender algo de las leyendas de Jalisco? ¿Te acuerdas de ese libro que encontramos en San Diego?
   JAVIER Sí. ¿Tú crees que lo tengan en la Librería Rosa Blanca?
   MARTA Eso es difícil de creer. Hay que tener en cuenta que es un libro bastante antiguo.
   JAVIER Entonces debe estar en la Casa de la Cultura, ¿no te parece?
   MARTA En efecto. Mejor vamos allá.

Quiz 5-2 B Segundo paso

I. Listening

A. ISABEL ¡Uf! Guerra y más guerra. Me fastidia cuando hay tantas escenas de guerra. Espero que termine pronto esta parte.
   SERGIO ¿Pero por qué dices eso? Son los mejores efectos especiales de la película.
   ISABEL Pues para mí la parte interesante es la historia. Lo que sí espero es que al final de la guerra quede muerto ese monstruo marciano. ¡Es un malvado!
   SERGIO ¡Qué va! Espero que no. Es que no has entendido nada. En realidad es muy simpático.
   ISABEL Estás loco. Es evidente que es uno de los enemigos. ¿No me vas a decir que quieres que el ejército marciano venza a los soldados de la Federación?
   SERGIO Prefiero que los dos ejércitos acuerden la paz. Sería más justo y así pueden hacer otra película: *¡La traición de los marcianos!*
   ISABEL Y así el héroe se puede casar con la heroína.
   PAPÁ Tienes razón, Isabel. Y yo espero que el héroe y la heroína celebren su boda pronto.
   ISABEL ¿Por qué, papá?
   PAPÁ Porque tenía muchas esperanzas de ver el partido de béisbol que comienza en veinte minutos.

Answers to Quiz 5-1 B

A. (10 points: 2 points per item)
1. b
2. a
3. b
4. b
5. c

Answers to Quiz 5-2 B

A. (10 points: 2 points per item)
1. Isabel
2. Isabel
3. Sergio
4. Sergio
5. Papá

Scripts and Answers for Chapter 5 Test

I. Listening

A.
  1. FERNANDA Oye, Micaela, ¿conoces las figuras de Nazca? Dicen que las construyeron unos extraterrestres, tal vez de un planeta en otra galaxia.
  MICAELA ¡Qué va! Eso me parece muy difícil de creer. ¿Quién te dijo eso?
  2. FERNANDA Eso es lo que se cree. Supuestamente había naves espaciales que aterrizaban allí.
  MICAELA ¡Qué tontería!
  3. FERNANDA Se cree eso porque sólo se pueden ver desde el aire. Y cuentan que las construyeron hace miles de años.
  MICAELA Hasta cierto punto es lógico. Es evidente que no pueden ser de origen moderno.
  4. MICAELA Según mi amiga Tulia, que es estudiante de antropología, las figuras formaban parte del calendario antiguo.
  FERNANDA ¿Tú crees? Bueno, puede ser, pero no estoy segura.
  5. MICAELA También creo que las construyeron para los dioses y diosas. Así los adoraban.
  FERNANDA Eso me parece más probable.

B. Me llamo Álvaro Salinas y soy soldado. Estoy volviendo a mi casa ahora—me toca un mes de descanso. Mi país está en guerra y mi regimiento ha pasado más de dos meses en batallas. Hemos vencido en casi todas, pero el precio de las victorias fue alto— muchos compañeros quedaron muertos. No nos hemos podido regocijar de la derrota del enemigo por la muerte de tantos amigos valientes. Ojalá que los dos países acuerden la paz. Mis padres quieren que yo deje el ejército y regrese a la universidad. Mi gran ambición es ser profesor de historia. Creo que es mejor estudiar las guerras que hacerlas. ¿No les parece?

Answers Maximum Score: 30 points

A. (10 points: 2 points per item)   **B.** (20 points: 2 points per item)

A.		B.			
1. c		6. b		11. a	
2. c		7. a		12. b	
3. a		8. a		13. b	
4. b		9. b		14. a	
5. a		10. b		15. a	

TESTING PROGRAM · SCRIPTS & ANSWERS

Quiz 6-1B Primer paso

I. Listening

A. CAROLINA   Oye, Felipe, ¿has oído de Fernando Botero? Es un pintor famoso colombiano. Sus obras las encuentro...

FELIPE   Botero, ¡bah!, Sus pinturas las encuentro insoportables.

CAROLINA   ¿De veras? Yo admiro mucho su arte. Eh, bueno, cambiando de tema, ¿qué te parece la música de Maná?

FELIPE   Es pésima. El guacarock es insignificante. No lo soporto. ¿Por qué me lo preguntas?

CAROLINA   Eh, por nada particular... A propósito. Dice aquí en el periódico que Mecano va a dar un concierto en México este verano.

FELIPE   Ay, se me olvidó. Hace falta que consiga los boletos. Admiro mucho la música de Mecano.

CAROLINA   A mí también me gusta. Es muy genial su música. A propósito, ¿fuiste a ver la exhibición de las esculturas de Roma antigua?

FELIPE   No, no fui. Para ser sincero, la escultura me deja frío.

CAROLINA   ¡Qué lástima! Estuvo magnífica.

Quiz 6-2B Segundo paso

I. Listening

1. LUIS   Sugiero que asistamos al concierto de la Orquesta Nacional. Van a tocar una sinfonía de Beethoven. ¿Te parece bien, José?

    JOSÉ   No sé. Es mejor que vayamos al concierto de música rock. Los cantantes son formidables. ¿Estás de acuerdo?

2. MIGUEL   ¿Has pensado en ir a ver la exhibición en el Museo de Arte Contemporáneo? Sólo quedan tres días para verla antes de que vaya a otra ciudad.

    LUIS   Para decir la verdad no me gusta el arte contemporáneo. No tengo ganas de verla.

3. LUIS   Sería buena idea que vayamos a la Galería Nacional donde se ven las obras maestras de los grandes pintores europeos. ¿Quieres ir, Miguel?

    MIGUEL   No sé. ¿Por qué no lo dejamos para la próxima semana?

4. MIGUEL   José, que no se te olvide que hay un partido de béisbol en el estadio universitario. ¿Me acompañas?

    JOSÉ   ¿Al partido de béisbol? ¡Genial! Nos conviene sacar las entradas ahora mismo porque habrá muchos aficionados.

5. LUIS   Recomiendo que vayamos a ver una película este viernes. ¿Has pensado en ir, Miguel?

    MIGUEL   Hagámoslo el sábado. Ya tengo otros planes para el viernes.

Answers to Quiz 6-1B

A. (12 points: 2 points per item)

Carolina	le gusta	no le gusta
1. Las pinturas de Botero	✔	
2. La música de Mecano	✔	
3. La escultura romana	✔	

Felipe	le gusta	no le gusta
1. Las pinturas de Botero		✔
2. La música de Mecano	✔	
3. La escultura romana		✔

Answers to Quiz 6-2B

A. (15 points: 3 points per item)
1. suggests something else
2. turns invitation down
3. tries to reschedule
4. accepts
5. tries to reschedule

I. Listening

A. MERCADO Bueno, Cristóbal, ¿qué te pareció la exhibición en la Galería Verano?

SOROLLA En una palabra la exhibición fue pésima. Déjame explicar. El pintor Paco Galíndez tenía allí unos cuadros muy insignificantes y convencionales. Sus retratos no eran nada imaginativos.

MERCADO ¿Y qué opinas del escultor Carlos García?

SOROLLA Una escultura insoportable. Sus estatuas me hacen pensar en las cosas que los niños pequeños hacen en el colegio.

MERCADO Cambiando de tema, Cristóbal, ¿crees que el gobierno debe patrocinar las artes?

SOROLLA ¿Estás loco, Rafael? ¡De ningún modo! La idea de que el gobierno, es decir, nosotros los ciudadanos, mantengamos a los pintores y a los escultores, eso es incomprensible. Que los artistas trabajen y ganen ellos mismos.

MERCADO Gracias, Cristóbal. Ahora tenemos unas llamadas de nuestros radioyentes. ¿Puedes contestar sus preguntas?

SOROLLA Con mucho gusto, Rafael. Me encantaría hablar con ellos.

MERCADO Muy bien, entonces. ¡La primera llamada es de Carlos García!

SOROLLA ¡Carlos, qué linda sorpresa!

B. **7.** SERGIO Carolina, mientras estamos en Guadalajara, ¿quieres ir al Teatro Degollado esta tarde?

8. CAROLINA Muchas gracias, pero hoy no puedo; tengo muchas cosas que hacer. Hágamoslo mañana.

9. SERGIO Hola, Polito. El profesor me recomienda que vea el Palacio del Gobierno aquí en Guadalajara. ¿Me quieres acompañar?

10. POLITO ¿Qué tal, Mónica? ¿Quieres ir conmigo a la Catedral Metropolitana esta mañana? Creo que sería buena idea ir mientras estamos en Guadalajara.

11. MÓNICA Es mejor que vayamos por la tarde, ¿no te parece? Tengo mucho que hacer por la mañana. Y además está lloviendo ahora y pronosticaron que iba a dejar de llover esta tarde.

12. SERGIO ¿Cómo te va, Diego? ¿No quieres ver el Palacio Municipal antes de irte de Guadalajara?

13. DIEGO Ay, muchas gracias, Sergio, pero francamente no tengo ganas.

14. MARTÍN Francamente, no tengo ganas de ir al Palacio Real. Es que nunca me interesaron esas cosas.

15. SANDRA Sería buena idea dejarlo para mañana. ¿Qué tal si nos encontramos en el café mañana a las dos de la tarde?

Answers Maximum Score: 30 points

A. (12 points: 2 points per item)

1. a
2. b
3. a
4. a
5. b
6. b

B. (18 points: 2 points per item)

7. a
8. c
9. a
10. a
11. c
12. a
13. b
14. b
15. c

Listening Scripts and Answers for Midterm Exam

I. Listening

A.

TERI ¿Aló? ¿Quién habla?

PILAR Habla Pilar, Teri, ¿no me reconoces?

TERI ¡Pero qué milagro, Pilar! Oye, ¿dónde estás? Parece que estás aquí en Caracas.

PILAR No, estoy en La Coruña.

TERI ¡Qué placer hablar contigo, Pilar! Es magnífico poder hablarte así aún a larga distancia. ¿Qué tal? ¿Qué novedades hay?

PILAR ¡Qué gusto, Teri! Hace tanto tiempo que no nos hemos hablado. Llamo ahora para invitarte a mi boda en junio.

TERI Ay, chica. ¡No me lo puedo creer! ¡Felicidades! Por fin tú y Ricardo se casan.

PILAR Sí, mujer, y quiero que te quedes en casa con nosotros cuando vengas.

TERI ¡Qué ganas tengo de verte...y también de hacer turismo. ¡Me has hablado tanto de Galicia! Tú me visitaste en Caracas y ahora me toca a mí visitar tu país. Quiero ir a Santiago de Compostela como una peregrina de la Edad Media. Me llevas a la catedral, ¿no?

PILAR Ricardo y yo te llevamos al lugar del entierro del Apóstol Santiago y a La Coruña, Vigo, Lugo y a las rías. El paisaje de Galicia es una maravilla. ¿Sabes que tenemos casi 400 kilómetros de costa?

TERI Perfecto. Me encantaría disfrutar de los deportes acuáticos y de los magníficos platos de pescados y mariscos. Galicia tiene tanta fama de vida de mar.

PILAR Y tengo otra sorpresa para ti. Ricardo y yo vamos a pasar la luna de miel en Caracas.

TERI ¡No me digas! ¡Qué bien! Pilar, estoy contentísima.

B. 1.

NARR. Habla Jorge Segovia.

JORGE Soy jefe de una compañía internacional muy grande. Trabajo muchas horas al día y llego a casa agotado. Un día un amigo me dijo que para aliviar el estrés de su trabajo, empezó a cocinar. A mí me recomendó hacer lo mismo. Ahora me relajo cocinando. Prefiero preparar platos sencillos como el pollo frito o el bacalao. Cuando invito a mis amigos, cocino platos más complicados, de mariscos, por ejemplo, o especialidades internacionales.

2.

NARR. Habla Carmen Naranjo.

CARMEN Soy ingeniera y trabajo en la industria de la energía nuclear. Sufro de presiones como todos mis compañeros. Por eso los fines de semana toco el violín en una orquesta de mi ciudad. Damos conciertos cuatro veces al año. Es muy entretenido. Y además, mi esposo toca clarinete en la misma orquesta. Él es médico y también sufre de tensiones. Los dos nos relajamos con la música.

3.

NARR. Habla Samuel Castillo.

SAMUEL No tengo mucho tiempo para descansar porque soy asistente del alcalde de la ciudad. El alcalde nunca duerme porque siempre tiene que resolver algún problema de la ciudad, por ejemplo el crimen, el tráfico o la calidad del aire. Llevamos una vida agitada. Me la paso pintando para relajarme.

Listening Scripts and Answers for Midterm Exam

C.

SANTIAGO	¿Qué te parece la comida, Mariana? ¿Te gusta?
MARIANA	Bueno, las chuletas están en su punto, pero esta ensalada tiene mucha sal y mucha cebolla. ¡Qué asco! Y el arroz está quemado. ¿Qué, no saben cocinar?
SANTIAGO	Lo siento, Mariana. ¿Quieres que lo devolvamos?
MARIANA	No, está bien. Pídele la cuenta al mesero. Ya me quiero ir. ¡No me digas, Santiago! ¿Otra vez el cuento de la cartera?
SANTIAGO	Eh, es que se me quedó la cartera en casa. Tengo suficiente dinero..., pero, eh, se me olvidó traerlo.
MARIANA	Ay, Santiago. Siempre lo mismo. La semana pasada se te perdió la cartera y esta vez se te quedó en casa. Pues, yo ya estoy harta de tener que pagar la cuenta. Creo que nuestra relación no está saliendo bien. Y además oí que andabas con otra chica. ¿Es verdad?
SANTIAGO	¿Quién te dijo eso?
MARIANA	Me lo dijeron mis amigas. Dicen que te vieron con Marta en la fiesta de Miguel. ¿Es verdad?
SANTIAGO	Hablando de la fiesta de Miguel, estuvo muy buena. ¿Por qué no fuiste?
MARIANA	¡Olvídate de la fiesta! ¿Con quién fuiste? ¿Es verdad que fuiste con Marta?
SANTIAGO	Bueno, tus amigas son todas chismosas.
MARIANA	¿Es verdad Santiago?
SANTIAGO	Bueno, hasta cierto punto...
MARIANA	Basta ya, Santiago. Ya está. Yo ya no quiero volver a verte. Te aconsejo no volver a llamarme.

D.

RODOLFO	¿Marcos, me puedes ayudar? Tengo que escribir un informe para mi clase de arte sobre un artista famoso y no sé de quién escribir. ¿Tienes alguna idea?
MARCOS	Claro que sí. Recomiendo que escribas algo sobre Frida Kahlo. ¿Conoces su arte?
RODOLFO	No. Ni siquiera sé quién es.
MARCOS	Hombre, ¿estás en otro mundo? Frida Kahlo es la pintora más famosa de México. ¿Cómo que no conoces su arte? Admiro mucho su arte. Lo encuentro genial.
RODOLFO	Muy bien. ¿Dónde puedo encontrar más información?
MARCOS	Te conviene ir a la biblioteca. Ay, espérate, se me olvidaba. Esta semana, hay una exposición de su arte en el Museo Central. Sería mejor ir allí. Podemos ir mañana, si quieres.
RODOLFO	Muy bien. Pero no vayamos mañana. Es que ya tengo otros planes. Vamos el sábado. De esa manera puedo ir a la biblioteca a leer un poco antes.
MARCOS	De acuerdo. Te va a encantar su arte. Es muy imaginativo.
RODOLFO	Espero que sí. Muchas veces el arte moderno me cae gordo.

Answers Maximum Score: 30 points

A. (7 points: 1 point per item)	**B.** (9 points: 1 point per item)	**C.** (7 points: 1 point per item)	**D.** (7 points: 1 point per item)
1. b	**8.** b	**17.** a	**24.** a
2. b	**9.** a	**18.** a	**25.** b
3. a	**10.** b	**19.** c	**26.** a
4. a	**11.** b	**20.** b	**27.** b
5. b	**12.** b	**21.** b	**28.** a
6. b	**13.** b	**22.** a	**29.** b
7. a	**14.** a	**23.** c	**30.** a
	15. a		
	16. b		

Quiz 7-1B Primer paso

I. Listening

A. SRA MENDOZA Querida Berta. Estoy encantada de que lo estés pasando bien en Michigan y de que te gusten tus clases. Estoy encantada porque sé que vas a regresar en cinco semanas. Todos estamos bien en la casa. Tu hermano Paco ganó el campeonato de fútbol. ¡Él está en la gloria! Tu hermana Elena y su novio tuvieron otro problema. Elena se siente frustrada y desilusionada. Está dolida y siempre le dan ganas de llorar. Tu primo Jorge consiguió un puesto en una de las empresas más grandes del país. Los tíos están orgullosos de Jorge. Ellos se alegran de que Jorge lo haya conseguido porque se lo merece. Tu papá está decepcionado con nuestros amigos, los Echeverría. A tu papá le duele mucho saber que ellos no nos invitaron a su fiesta de fin de año. En fin, cosas de la vida. Te echamos mucho de menos. Hasta pronto. Un abrazo y un beso de tu mamá.

Quiz 7-2B Segundo paso

I. Listening

A. CARLOS ¡Chicos, tengo un problema! Lola está enojada porque se me olvidó su cumpleaños. Nos peleamos y Lola rompió conmigo. ¿Qué hago ahora? ¿Qué me aconsejas, Tito?

TITO Tú debes comprarle una tarjeta en donde le pidas perdón y luego debes discutir el problema con ella. Dile: "Lo siento mucho, lo hice sin querer". Ella te perdonará.

CARLOS Ya le dije que estaba muy ocupado y que por eso olvidé su cumpleaños. ¿Qué me dices tú, Sofía?

SOFÍA Yo opino que debes ser amable con ella. Cómprale unas flores, ve a su casa y dile: "Perdóname, no lo volveré a hacer".

CARLOS ¿Tú crees que eso dé resultado?

PACO Por supuesto, Carlos. Tú debes admitir tu error y comprarle, además de la tarjeta, una caja de chocolates. Dile: "Discúlpame, no lo haré más". Es importante respetar los sentimientos de Lola y ya verás que todo se va a arreglar.

CARLOS Gracias por ayudarme, chicos.

Answers to Quiz 7-1B

A. (10 points: 2 points per item)

feliz			infeliz
X	1.	Sra. Mendoza	
X	2.	Paco	
	3.	Elena	X
X	4.	Los tíos	
	5.	Papá	X

Answers to Quiz 7-2B

A. (12 points: 2 points per item)

	¿Qué debe comprarle?	¿Qué debe decirle?
1. Tito	tarjeta	Lo siento mucho
2. Sofía	flores	Perdóname
3. Paco	caja de chocolates	Discúlpame

I. Listening

A. MANOLO   Estoy encantado que mi partido haya ganado las elecciones en la escuela. Por fin vamos a tener un buen presidente de los estudiantes. ¡Estoy en la gloria! ¿Tú qué piensas, Lorenzo?

LORENZO   Ay, Manolo. La verdad, a mí me dan ganas de llorar. Estoy decepcionado de los resultados de las elecciones.

MANOLO   ¿Decepcionado? ¿Por qué?

LORENZO   Me frustra que los presidentes de los estudiantes sólo organicen fiestas y partidos de fútbol.

MANOLO   A mí me encanta que organicen fiestas y partidos. ¿Cuál es el problema?

LORENZO   Me duele mucho que haya tantas otras cosas que podamos hacer, como campañas ecológicas o servicio a la comunidad. Somos estudiantes y no un club social.

MANOLO   Claro, pero tampoco somos políticos. Ni modo, Lorenzo. Yo estoy de buen humor y tú estás dolido. Y nunca vamos a estar de acuerdo en política, pero eres mi amigo. ¿Por qué no mejor vamos al cine?

LORENZO   Vale.

B. LIDIA   Buenos días, Señorita Sol. Yo soy Lidia y tengo un problema con mi novio. Él es infiel y desleal conmigo. No sé si debo casarme con él.

SEÑORITA SOL   Rompa con él. Si él no le pide perdón, usted no debe casarse ni continuar con él. La lealtad es muy importante en una pareja.

RAÚL   Hola, me llamo Raúl. Estoy decepcionado conmigo mismo. Le he mentido a mi novia.

SEÑORITA SOL   No se preocupe, eso es fácil de arreglar. Admita su error. Dígale que no lo volverá a hacer y no guarde secretos nunca más con ella. Ella lo perdonará.

MARCOS   Yo soy Marcos. He sido desleal e infiel. Mi novia rompió conmigo. ¿Qué puedo hacer para regresar con ella?

SEÑORITA SOL   Primero, respete los sentimientos de ella. Y luego, pídale perdón. Dígale: Lo siento mucho, no lo haré más.

JUAN   Hola, me llamo Juan. Rompí con mi novia la semana pasada porque ella era infiel y desleal conmigo. Pero la echo mucho de menos. ¿Qué hago?

SEÑORITA SOL   Dese tiempo para pensar, primero. Salga con sus amigos y discuta el problema con ellos. Luego, decida qué hacer.

Answers   Maximum Score: 28 points

A. (20 points: 2 points per item)
1. b
2. a
3. b
4. a
5. c
6. a
7. c
8. b
9. a
10. b

B. (8 points: 2 points per item)
11. b
12. e
13. d
14. a

TESTING PROGRAM · SCRIPTS & ANSWERS

Quiz 8-1B Primer paso

I. Listening

A. BERTA Me gustaría relajarme un poco. Vamos a poner la televisión. Ya es hora del noticiero.

JAIME Por supuesto. Hay que estar al tanto de lo que pasa en el mundo. Sin embargo no creo que nos den muchas noticias internacionales en el noticiero.

BERTA Hombre, para eso está la prensa. Es obvio que la gente no puede estar bien informada viendo la televisión. Los locutores hablan solamente del crimen y de los incendios.

JAIME Y hay tantos anuncios que quitan tiempo de las noticias.

BERTA Por cierto.

JAIME Mira, es mejor que pongamos un documental o un reportaje, ¿no te parece? Según Ántony hay un documental sobre la Segunda Guerra Mundial a las ocho en el canal diez.

BERTA Lo dudo. Leí en la guía de televisión que Pedro Hurtado va a presentar un discurso especial a esa hora para su campaña política.

JAIME Hombre, es increíble que las cadenas nacionales pasen tantos anuncios políticos en estos días. Entonces mejor vamos a salir a comer, ¿sí?

Quiz 8-2B Segundo paso

I. Listening

A. SR. LÓPEZ Me gustaría ver los editoriales. Javier, hijo, ¿tú tendrás esa sección?

JAVIER Yo no, papá. Yo estoy leyendo artículos sobre fútbol y tenis. Es posible que mamá la tenga. Mamá, ¿tienes los editoriales?, que los quiere papá.

SRA. LÓPEZ No estoy segura. Acabo de terminar un artículo en la sección de ocio.

YOLANDA Quiero leer ese artículo después, pero primero quiero leer las tiras cómicas. ¿Tú tienes esa sección?

SR. LÓPEZ No me lo puedo creer. Todos Uds. tienen la sección que quieren leer. ¡Y yo todavía sin ver los editoriales! Bueno, entonces, pásenme cuando menos la primera plana.

ABUELO Yolanda, ¿me puedes encontrar los obituarios?

YOLANDA Sí, abuelito, un momento. ¡Mira, papá, allí va el perrito Pepe con los editoriales!

SR. LÓPEZ ¡No me digas! ¡Quizás él lea los editoriales primero y podrá informarme después!

Answers to Quiz 8-1B

A. (10 points: 2 points per item)
1. a
2. a
3. b
4. a
5. a

Answers to Quiz 8-2B

A. (10 points: 2 points per item)
1. e
2. b
3. d
4. c
5. a

Scripts and Answers for Chapter 8 Test

I. Listening

A. 1. MARÍA Oye, Clara. ¿Sabes que hay una nueva cadena en la televisión a partir de hoy?

   CLARA Claro que sí. Todo el mundo lo sabe.

   2. MARÍA Fíjate, Martín. Acabo de leer en el periódico que hubo un accidente en la calle donde tú vives.

   MARTÍN Sí. Ya lo sé. Ocurrió mientras estábamos en la escuela.

   3. MARÍA Mario. ¿Cuándo vas a hacer un viaje a Chile?

   MARIO No sé. Dudo que pueda ir este verano.

   4. MARÍA Beatriz, ¿oíste que el presidente va a estar en nuestra ciudad la semana que viene?

   BEATRIZ No, no lo sabía. ¡No me lo puedo creer!

   5. MARÍA Ana, dice aquí en el periódico que no hay escuela por las próximas tres semanas.

   ANA Pero ¿qué estás diciendo, María? Eso me parece mentira.

   6. MARÍA Señora Álvarez, ¿oyó usted que nuestro equipo de fútbol ganó el partido de anoche?

   SRA. ÁLVAREZ Sí, pero qué sorpresa, ¿no?

   7. MARÍA Gabriel, ¿piensas venir con nosotras al cine esta tarde?

   GABRIEL Muchas gracias, María, pero no creo que pueda. ¿Cuándo piensan ir?

B. PILAR Oye, Mario, ¿qué piensas hacer este fin de semana?

   MARIO Bueno, primero voy de compras. Quiero comprarme esos pantalones nuevos que vi el otro día.

   PILAR Ay, Mario. Es evidente que te encanta estar a la moda. Siempre estás comprando ropa nueva.

   MARIO Es cierto que me gusta comprar de todo. También pienso ir al teatro a ver la nueva obra de Huidobro. Es posible que gane el premio El Gallo. ¿No quieres venir conmigo?

   PILAR ¡Vaya! No, gracias. Me chocan las obras de Huidobro. Tú sabes que todos sus diálogos me suenan a chino. Es demasiado intelectual.

   MARIO Bueno, entonces, ¿tú qué vas a hacer?

   PILAR Ay, no sé. Creo que voy a quedarme en casa. Quiero tratar de preparar ese pastel de chocolate que me gusta tanto. ¿Quieres ayudarme?

   MARIO No me lo esperaba. ¿Tú quedarte en casa? Y yo que creía que te fascinaba salir. Pero sí. Me interesa la cocina, especialmente los postres. Llámame cuando comiences. ¿Qué más vas a hacer?

   PILAR Voy a ir al parque con mi primo a jugar tenis.

   MARIO ¿Otro partido de tenis? No me lo puedo creer. ¿No jugaron el otro día?

   PILAR Claro que sí, pero nos encanta jugar al tenis y al fútbol también.

Answers Maximum Score: 30 points

A. (14 points: 2 points per item)

1. b
2. b
3. a
4. c
5. a
6. c
7. a

B. (16 points: 2 points per item)

8. c
9. c
10. a
11. d
12. b
13. b
14. c
15. c

Quiz 9-1B Primer paso

I. Listening

A. **SILVIA** Celeste, la fiesta va a ser en mi casa el sábado, entonces. Mamá nos va a ayudar con la comida. Ahora nos toca hablar de los invitados.

CELESTE Perfecto. A ver, vamos a invitar a Guillermo.

SILVIA ¿Guillermo? ¿No lo encuentras presumido y egoísta, Celeste?

CELESTE De veras, no, Silvia. No niego que es un poco presumido pero es buena gente. Voy a invitarlo. Ahora, Consuelo…

SILVIA ¿Consuelo? ¿Hablas en serio? Es tan chismosa. Se burla de todo el mundo. Mejor no invitarla.

CELESTE Sí, pero Guillermo ha dicho que no viene a la fiesta a menos que invitemos a Consuelo, y quiero que venga. ¿Qué tal Alfredo?

SILVIA ¿Alfredo? Pero él es descortés y bobo. No lo invitemos.

CELESTE Sí, tienes razón. Y además, se enoja cuando bailo con Roberto. Ah bueno. ¿Qué tal Lidia?

SILVIA Lidia es tan melancólica. ¿Y no sabes que se queja de todo? Es muy desagradable.

CELESTE Ay Silvia. Me frustro cuando eres tan pesimista. Te has quejado de todos nuestros amigos. ¡Basta ya! Voy a invitarla. Y por fin quiero invitar a Carlos con tal de que no te quejes.

SILVIA No, es muy simpático. Me cae muy bien. ¡Pero, que si no fuera tan callado!

CELESTE ¡Ay, Silvia!

Quiz 9-2B Segundo paso

I. Listening

A. **FERNANDO** Este cuestionario quiere saber qué es lo que harías si pudieras hacer cualquier cosa. Eso es fácil para mí. Si tuviera tiempo y si tuviera dinero viajaría por todos los países del mundo. Tendría todo el mundo dentro de mis manos. ¿Y tú, Manuel?

MANUEL A ti siempre te ha gustado viajar, Fernando. No me sorprende que hayas dicho eso. Yo, en cambio si pudiera sacarme la lotería me compraría un coche del año 1929. Podría pasar mucho tiempo arreglándolo. Los coches clásicos siempre me han fascinado. Y tú, Beti, ¿qué harías?

BETI Bueno, si yo pudiera me mudaría a China. Siempre me ha interesado mejorar las relaciones entre los países que tienen conflictos. ¿Qué harías tú, Pablo? ¿Te comprarías un castillo en España?

PABLO No, Beti. Un castillo en España, no. ¿De dónde sacaste esa idea? Yo jugaría béisbol todos los días si no tuviera que ir al colegio. El béisbol es el mejor deporte de todo el mundo. ¿Qué harías tú, Patricia?

PATRICIA Bueno, creo que si pudiera, aprendería japonés, chino, hebreo, árabe y vasco - ¡todos en un solo año! Me fascinan los idiomas extranjeros.

Answers to Quiz 9-1B

A. (10 points: 2 points per item)
1. sí
2. sí
3. no
4. sí
5. sí

Answers to Quiz 9-2B

A. (10 points: 2 points per item)
1. e
2. c
3. b
4. d
5. a

I. Listening

A. MARCOS Me enojo cuando Fede se burla de mis amigos. Es cierto que Marta es un poco chismosa, pero es buena gente de todas maneras. El chismoso es Fede. Fede también dijo que Martín era muy egoísta. No estoy de acuerdo en que sea egoísta. Si Martín tuviera un millón de dólares, lo compartiría con todo el mundo. Creo que es muy generoso y me imagino que tiene muchos otros amigos. Fede también dice que Clara es perezosa. No niego que no trabaja mucho pero no es cierto que sea perezosa. Tengo la impresión de que Fede es perezoso. También es presumido. Si pudiera ser amigable, tendría más amigos.

B. Habla Amanda Toledo.

Yo me alegro cuando voy de vacaciones con mis padres y mis hermanitos. Me río mucho cuando mis hermanos Luisito y Juanito hacen cosas traviesas. Los dos tienen siete años porque son gemelos. A veces mis padres se frustran cuando los gemelos hacen estas cosas. Papá se enoja con ellos y mamá se pone roja si hacen cosas traviesas delante de otras personas. Yo también me quejo de ellos a veces, por ejemplo cuando vienen mis amigos a la casa y los niños nos molestan. Luisito y Juanito se burlan de mis amigos y eso sí me pone de mal humor. También me frustro con mis hermanitos cuando necesito estudiar y ellos hacen ruido. Si tengo que estudiar para un examen hasta me enfado con ellos. Mi amiga Antonia tiene un hermanito que es muy callado y tímido. ¡Francamente no quiero que mis hermanitos sean callados ni tímidos! ¡Yo los quiero exactamente como son!

Answers Maximum Score: 30 points

A. (14 points: 2 points per item)

1. a
2. c
3. c
4. b
5. c
6. b
7. a

B. (16 points: 2 points per item)

8. a
9. a
10. b
11. a
12. b
13. b
14. b
15. a

Listening Scripts and Answers for Quizzes 10-1B, 10-2B

Quiz 10-1B Primer paso

I. Listening

A. Habla Carlos Ortega.

Yo soy de una familia chicana. Mis abuelos nacieron en México y vinieron a los Estados Unidos en busca de una vida mejor. Al llegar aquí, mi abuelo encontró trabajo recogiendo fruta en las fincas de California. Mi abuela trabajó en una fábrica de ropa. Pasaron los años y pudieron ahorrar suficiente dinero para comprar una casa. Nacieron sus cuatro hijos, entre ellos mi padre. Aunque mis abuelos nunca lograron dominar el inglés, insistieron en que sus hijos lo hablaran perfectamente. Y gracias a la oportunidad que ofrece esta maravillosa democracia que es los Estados Unidos mi padre y sus hermanos han triunfado. Dos de mis tíos son ingenieros y mi tía es enfermera. Mi padre es hombre de negocios. Ahora nos toca a nosotros, a mis hermanos y a mí, poner nuestros esfuerzos en realizar nuestras ambiciones. Mi hermana estudia para médica, mi hermano quiere ser ingeniero como los tíos y yo me sentiría muy orgulloso si pudiera tener tanto éxito como mi padre en los negocios. Ahora estoy estudiando administración de empresas y después de graduarme voy a trabajar con mi padre en la empresa.

Quiz 10-2B Segundo paso

I. Listening

A. Habla Catalina Colón.

Yo nací en Río Piedras, Puerto Rico. Mis padres me llevaron a los Estados Unidos cuando tenía tres años. Tengo veintidós ahora. Me crié en la cultura estadounidense pero mis padres se esforzaron por mantener nuestras costumbres puertorriqueñas. No querían que mis dos hermanas y yo nos olvidáramos de nuestras raíces. Por lo tanto nuestros padres nos llevaban a Puerto Rico todos los veranos para que conociéramos nuestra cultura. Al mismo tiempo mis padres comprendían muy bien que para realizar nuestros sueños teníamos que dominar el inglés. Por eso nos sacaron a mis hermanas y a mí de las clases en español. Por tener padres hispanos hablamos español en casa. Actualmente yo les enseño ciencias e historia a los chicos hispanohablantes. Pero se las enseño en inglés. Yo creo igual que mis padres que para superarse y triunfar uno tiene que hablar y escribir inglés perfectamente. Mis alumnos se sienten muy orgullosos de sí mismos cuando alcanzan sus metas.

Answers to Quiz 10-1B

A. (10 points: 2 points per item)
1. b
2. a
3. a
4. b
5. a

Answers to Quiz 10-2B

A. (10 points: 2 points per item)
1. b
2. b
3. a
4. a
5. a

I. Listening

A. MIGUEL   Oye, Polito, ¿en qué año vino tu mamá de Chile a los Estados Unidos?

    POLITO   Vinieron mi mamá y toda su familia en 1960. Es que tenían muchos problemas financieros en Chile. Una de mis tías ya vivía aquí en Nueva York así que esperaban triunfar aquí.

    MIGUEL   ¿Les era difícil dominar el inglés?

    POLITO   Bueno, en ciertos casos sí. Mi mamá, por ejemplo, se casó con mi padre en 1962. Y como él no hablaba ni una palabra de español, mi mamá puso todo su esfuerzo en aprender inglés. Pero no fue así para mis tías que se casaron con otros hispanos.

    MIGUEL   ¿Y tu mamá te contaba mucho de Chile?

    POLITO   Sí, pues. Siempre me contaba algo de su país. Es obvio que sentía mucho orgullo. Me contaba de la gente, de la política y de la música.

    MIGUEL   ¿De qué parte de Chile vino?

    POLITO   Era de Valparaíso en la costa, que se encuentra en el centro del país.

    MIGUEL   ¿Y qué sabes de las aportaciones chilenas?

    POLITO   Bueno, hay muchas. Por ejemplo, ¿tú sabías que la primera latinoamericana en ganar el premio Nóbel de literatura era chilena? Gabriela Mistral, una poeta de Vicuña, lo ganó en 1945. E Isabel Allende ha tenido mucho éxito con su novela *La casa de los espíritus*.

    MIGUEL   ¡Guau! No sabía eso. ¿Y alguna vez has viajado a Chile?

    POLITO   No, pero sabes, cuando cumpla 18 años voy a viajar allí.

B.   Queridos padres:

¡Cuánto los extraño! Ojalá que puedan venir a visitarme para Navidad. Si no pueden venir por la mala salud del abuelo yo volveré a casa. Me dan tres semanas de vacaciones antes de que empiecen las clases del segundo semestre. Tengo que decirles algo importante. Lo he pensado mucho y he decidido que después de graduarme en junio voy a solicitar empleo con una compañía estadounidense. Yo sé que Uds. contaban con mi regreso este año pero la verdad es que me gusta mucho la vida americana. Tengo la intención de hacerme ciudadano. Aquí me esfuerzo y puedo lograr mis objetivos. Como saben, en Nicaragua no existe esta oportunidad. No quiero que se preocupen. Me siento orgulloso de ser nicaragüense y de hablar español. Siempre voy a acordarme de mis raíces. Y si me caso con una chica americana voy a insistir en que aprenda español. ¡Así que sus nietos serán bilingües! Voy a trabajar dos o tres años al graduarme para ganar dinero y luego volveré a la universidad para estudiar arquitectura. Queridos papás, podemos hablar más por teléfono después de que hayan leído mi carta.

Cariños de Lorenzo.

Answers   Maximum Score: 30 points

A. (14 points: 2 points per item)

1. b
2. b
3. b
4. b
5. c
6. a
7. b

B. (16 points: 2 points per item)

8. b
9. b
10. a
11. b
12. b
13. a
14. c
15. b

Listening Scripts and Answers for Quizzes 11-1B, 11-2B

Quiz 11-1B Primer paso

I. Listening

A. 1. **RAFAEL** Actualmente hay muchos problemas sociales que tenemos que enfrentar. Mis padres me han dicho que la criminalidad ha aumentado mucho desde que ellos eran niños. ¿Qué crees tú, Julia?

   JULIA Tienes razón. Hay más homicidios, por ejemplo. Según el gobierno, el desempleo tiene mucho que ver en eso.

2. **MARTÍN** Me he fijado que la drogadicción es un problema grave. Se dice que las drogas promueven los crímenes violentos en la ciudad. ¿Tú qué crees, Sonia?

   SONIA Eso es un problema grave. La solución que yo planteo es comenzar una campaña contra la drogadicción para aumentar la sensibilidad de la gente acerca del problema.

3. **SILVIA** Se dice que la contaminación del aire y del agua es un problema muy grave para nuestra salud.

   MARIO Sí, Silvia. Habrá que promover un cambio de actitud en el gobierno. Si el gobierno no actúa ahora la situación va a empeorarse y lo lamentaremos todos nosotros en el futuro. Las enfermedades van a aumentar.

4. **CLAUDIA** El hambre es un problema grave en la ciudad. Mucha gente no tiene qué comer y por eso hay tantos robos, ¿no crees?

   SERGIO No sé. Yo creo que la gente no tiene qué comer porque no trabaja. Si yo fuera una persona en esa situación, buscaría trabajo de cualquier tipo, ¿no?

5. **ELENA** La delincuencia no ha bajado. Por el contrario, cada día hay más ladrones y ladronas que roban bancos y comercios. Estoy muy preocupada por ello.

   CHELA Yo también. Yo empezaría por poner más policías en las calles.

Quiz 11-2B Segundo paso

I. Listening

A. **PERLA** Juan siempre trata de hacer fiestas muy divertidas pero con poco éxito. Esta fiesta es un desastre. Si Juan tocara la música de Los Hombres G, la fiesta sería mejor. La música de mariachi no me gusta para nada. Y además, si la sala fuera más grande, podríamos bailar. No es muy divertido andar por la casa comiendo y conversando nada más. Y no sé por qué invitó a Mario Márquez. Mario es insoportable. Si Mario no fuera tan descortés, podríamos ser amigos. La comida es horrible: papitas y agua con hielo. ¡Guácala! Si Juan hubiera pedido cosas a sus amigos, estaríamos comiendo tacos y jamón, y tomando ricos jugos de frutas. También me fijé que no hay decoraciones. Si Juan tuviera una consejera como yo, esta casa estaría decorada y muy bonita. La próxima vez, espero que Juan hable conmigo para que yo lo aconseje.

Answers to Quiz 11-1B

A. (10 points: 2 points per item)
1. a
2. b
3. b
4. a
5. b

Answers to Quiz 11-2B

A. (15 points: 3 points per item)
1. b
2. a
3. b
4. a
5. a

Scripts and Answers for Chapter 11 Test

I. Listening

A. 1. **CARLOTA** Mario. El crimen y el robo están aumentando. A mí ya me robaron dos coches.
    MARIO Tienes razón, Carlota, pero según el gobierno la situación va a mejorar. El alcalde dijo que empezaría a poner más policías en las calles.

  2. **CARLOTA** La contaminación está grave. Me he fijado que mi vecina Lupita tiene gripa una vez al mes por la contaminación. Las enfermedades como la gripa están aumentando.
    MARIO Tienes razón, si no realizamos una campaña en la ciudad para proteger nuestra salud, la situación va a empeorarse.

  3. **CARLOTA** Se dice que hay mucha droga porque el negocio se maneja desde las cárceles. De nada sirve meter en la cárcel de por vida a quienes promueven el uso de drogas. Esa gente sigue siendo un problema para nosotros.
    MARIO Estoy de acuerdo, Carlota. Si no actuamos ahora para evitar el consumo de drogas, lo lamentaremos en el futuro.

  4. **CARLOTA** ¿Qué tal el desempleo? Hay mucha gente que no tiene empleo en las fábricas porque los robots hacen el trabajo que ellos hacían antes.
    MARIO Sí. Me he fijado en eso. ¿Pero cómo solucionas eso? ¿Quitar los robots?

  5. **CARLOTA** ¿Y qué piensas de la pobreza y el hambre? Yo creo que el problema es la mala alimentación que promueven los comerciales de la televisión.
    MARIO Sí, me he fijado en que la televisión puede tener una influencia negativa a veces. Y si no implementamos un programa de emergencia de buena alimentación, la situación va a empeorarse.

B. **ALCALDE** Hoy les quiero hablar un poco sobre mi carrera como su alcalde y el futuro de la ciudad. Si tuviera nuevamente el voto de ustedes para la alcaldía, acabaría con el problema del desempleo e implementaría un programa para promover el empleo de los jóvenes. En los últimos cuatro años, hemos construido escuelas y acabado con el analfabetismo. Y si yo fuera alcalde nuevamente, aumentaría la calidad de las escuelas de educación universitaria para que los jóvenes estén preparados para los trabajos del futuro. La ciudad ya no tiene otros problemas sociales graves, como el crimen y la delincuencia excesivos. He actuado en contra de la criminalidad y por ello hay menos crimen en la ciudad. Gracias al sistema de transporte con carros eléctricos que hemos implementado, hemos podido bajar la contaminación del aire. Otros problemas, en cambio, continúan. Si ustedes me dieran otra oportunidad de servirles, yo crearía un grupo de policía especial para poner en la cárcel a los criminales de las drogas. Y en cuanto al problema de la basura, me dedicaría a aumentar el reciclaje. Si pudiera ser alcalde otra vez, aumentaría las campañas de reciclaje de la basura. Ustedes saben que a mí no me gustan los discursos, sino las soluciones. Si ustedes me favorecieran con su voto, les prometo que en los siguientes cuatro años tendremos aun más soluciones. Gracias.

Answers Maximum Score: 30 points

A. (10 points: 2 points per item)

1. a
2. a
3. b
4. a
5. a

B. (20 points: 2 points per item)

6. b
7. b
8. a
9. a
10. b

11. b
12. a
13. a
14. b
15. b

Listening Scripts and Answers for Quizzes 12-1B, 12-2B

Quiz 12-1B Primer paso

I. Listening

DANIEL ¿Qué planes tienes para el futuro, Paula?

PAULA ¿Sabes? Me gustaría trabajar con los números. De niña, quería ser profesora de matemáticas, pero ahora estudiaré en la universidad y voy a ser contadora. Buscaré un trabajo en el que gane mucho dinero. ¿Qué te parece, Daniel?

DANIEL ¡Muy bien! Mi papá trabaja como contador, pero no creo que le guste mucho. Cuando él tenía diez años quería llegar a ser abogado. Le fascinaba la idea de ayudar a la justicia y la contaduría es algo muy diferente. El año pasado yo quería ser contador, como papá, pero ahora quiero ser arquitecto. Pienso trabajar construyendo edificios muy altos. ¿Qué te parece la arquitectura?

PAULA No sé. Mi tío es arquitecto, pero cuando él era joven, tenía muchas ganas de estudiar sicología. Trabaja en una compañía que construye casas, aunque me parece que no tiene una vida muy interesante pero, ¿quién sabe? Él está casado con mi tía Rosa. ¿Y tu mamá, Daniel? ¿En qué trabaja?

DANIEL Mi mamá trabaja como jefa de ingenieros en una compañía de coches. De niña, mamá decía que le encantaría ser diseñadora gráfica, pero el diseño le pareció muy sencillo. ¿Tú crees?

PAULA ¿Diseñadora gráfica? Mi mamá es diseñadora gráfica.

Quiz 12-2B Segundo paso

I. Listening

SEÑOR NÁJERA Querido Jaime: Mamá y yo estamos bien y muy contentos de que vuelvas a casa en junio. Yo sé que solicitas empleo para cuando te gradúes. Por eso te voy a dar algunas ideas respecto a las entrevistas que vas a tener. Como jefe de una empresa yo he tenido mucha experiencia en entrevistar a los aspirantes a un puesto. Lo que debes hacer primero es tener tu currículum actualizado, bien escrito y hacerlo fácil de leer. No te olvides de llevar otra copia del currículum a la entrevista. Luego, te aconsejo que te pongas un traje de color oscuro o gris con una camisa blanca o azul claro y una corbata bastante conservadora. Es importante que tengas un aspecto serio y que hagas una buena impresión. Te recomiendo que hables lo suficiente. Contesta las preguntas y haz preguntas si te parece bien. Lo ideal es saber algo de antemano sobre la empresa. Trata de averiguar si el ambiente de trabajo va a ser agradable para ti. Bueno, hijo, te deseamos mucha suerte. Ojalá que consigas un puesto bueno. Cariños de Papá y Mamá.

Answers to Quiz 12-1B

A. (10 points: 2 points per item)
1. f
2. g
3. b
4. d
5. e

Answers to Quiz 12-2B

A. (14 points: 2 points per item)
1. a
2. a
3. a
4. b
5. b
6. a
7. a

Scripts and Answers for Chapter 12 Test

I. Listening

A.

LEONOR Virginia, yo trabajo en la tienda donde tú comprabas tus medicamentos hace ocho años. Tú trabajabas conmigo en el departamento que recibía las recetas de los médicos.

LIDIA Virginia, yo trabajo en el consultorio donde llevaste a tu sobrino Pedro para que solucionara su problema de apatía. Ahí, platicando conmigo, decidiste que ibas a estudiar sicología en la universidad.

GREGORIO Virginia, yo te conozco desde cuando yo tenía cinco años. De niños, jugábamos juntos en el parque e íbamos juntos a clases. Hoy todavía vamos a la misma universidad, aunque yo por la mañana y tú por la tarde.

TEODORO Virginia, yo trabajo en el hospital en el que tu hermana, cuando era joven, tuvo un niño. Tú cuidabas a los enfermos del segundo piso y entonces los dos queríamos ser médicos. Yo limpiaba el piso entonces. Hoy trabajo en el mismo hospital pero como técnico de computadoras.

AMANDA Virginia, tú y yo trabajamos ahora juntas visitando clientes todas las mañanas para venderles medicinas. Somos muy buenas amigas desde hace un año.

B.

SRTA. ALONSO Estoy muy nerviosa. Vengo a entrevistarme para un puesto de secretaria con el señor Vega. ¿Y usted viene por el puesto de vendedora?

MARISOL VEGA Yo, este... bueno...

SRTA. ALONSO Ya entiendo. Usted está nerviosa también. ¿Me veo bien? ¿Doy una buena impresión?

MARISOL VEGA Sí, claro...

SRTA. ALONSO Todavía escucho las palabras de mi mamá esta mañana. "Para conseguir un buen trabajo, debes vestirte bien". Y aquí estoy, vestida como para recibir el Premio Nóbel. ¿Qué hora es?

MARISOL VEGA Son las nueve y media.

SRTA. ALONSO Perfecto. Mi mamá me dijo: "Te recomiendo que llegues temprano a la entrevista". Y aquí estoy. Treinta minutos antes. ¿Tiene Ud. un dulce?

MARISOL VEGA Déjeme ver...

SRTA. ALONSO No, no importa. Aquí tengo uno. Mi mamá también me dijo: "Te aconsejo que te expreses bien". Pero tengo la boca seca. Ojalá el dulce me ayude. ¿No sabe si tienen aquí un fax?

MARISOL VEGA Sí, claro. Hay dos en la oficina y...

SRTA. ALONSO Muy bien, porque se me olvidaron las direcciones y los teléfonos de mis referencias. Mi mamá me dijo: "No olvides que la información de tus referencias es importante". Pero se me olvidaron. ¿Usted sabe si el ambiente de trabajo es bueno?

MARISOL VEGA Mire, la verdad es que...

SRTA. ALONSO ¡Qué tonta soy! Usted también viene a pedir el trabajo y por supuesto no sabe nada de eso. Perdone, pero es que todavía escucho a mi mamá diciéndome: "Es importante que averigües si el ambiente de trabajo es agradable".

SR. VEGA Hija, ¿qué haces aquí en la oficina?

MARISOL VEGA Pasaba por aquí y decidí venir a saludarte y ver si no estabas muy ocupado....

SRTA. ALONSO ¡No! ¿Usted es la hija del señor Vega?

MARISOL VEGA Sí, mire, le presento a mi papá.

Answers Maximum Score: 30 points

A. (10 points: 2 points per item)

1. a
2. c
3. b
4. a
5. b

B. (20 points: 2 points per item)

6. a
7. c
8. c
9. b
10. c

11. c
12. a
13. a
14. c
15. c

Listening Scripts and Answers for Final Exam

I. Listening

A.

MIGUEL Ay, Elena. Estoy muy decepcionado. Saqué una mala nota en el examen de matemáticas. Me dan ganas de llorar.

ELENA Tranquilo, Miguel, quizá puedas hacer otro examen. ¿Por qué no hablas con el profesor Martínez? Él es buena gente y estoy segura que sabrá entenderte.

MIGUEL Ya hablé con él y admití mi error, pero no sirvió de nada.

ELENA ¡No es posible! No puedo creer que el profesor Martínez no te haya entendido. ¿Qué pasó?

MIGUEL Me quedé dormido estudiando en la noche y no me desperté a tiempo, de modo que sólo tuve media hora para resolver el problema principal.

ELENA ¿Es posible pedirle ayuda al director de la escuela? Quizá él te ayude y puedas presentar otro examen. ¿Y por qué te dormiste?

MIGUEL Supongo que me dio sueño porque tuve que trabajar el día antes del examen.

ELENA Me enojo cuando pasan cosas así. Todo el mundo sabe que tú no eres perezoso. Si pudiera, yo misma hablaría con el director... Oye, tengo una idea. Puedo hablar hoy mismo con el profesor Martínez.

MIGUEL No estoy seguro que eso ayude.

ELENA Claro que sí. Yo saqué la mejor nota en la clase y no me cabe la menor duda que él comprenderá.

MIGUEL ¿Tú crees que te va a escuchar?

ELENA Sí, puedes confiar en mí. Estoy convencida que si discutimos el problema, él aceptará tu disculpa y te hará otro examen.

MIGUEL Elena, no sabes lo contento que me haces sentir. Me alegro cuando mis amigos me ayudan a resolver los problemas.

ELENA No te preocupes, hombre, para eso están los amigos.

B.

MARCOS Luisa, se dice que Pierre es arrogante. ¿Tú qué crees?

LUISA No es verdad que Pierre sea arrogante. Él es callado y un poco tímido, pero es muy buena gente. Me enojo cuando la gente piensa que los franceses son arrogantes.

MARCOS Tienes razón, Luisa. Eso es un estereotipo de gente que tiene prejuicios y es ignorante. ¿Cómo te imaginas Francia?

LUISA Me imagino que es un lugar con cosas antiguas y modernas. Si pudiera, yo viviría en Francia por un año para conocer a su gente. ¿Y tú, Marcos?

MARCOS Si yo pudiera, viviría en España. Tengo entendido que en España se puede comer mucho pescado y a mí me fascina el pescado. Vi en la televisión un documental sobre La Coruña y quiero aprender a cocinar el pulpo a la gallega.

LUISA ¡No me digas que tú sabes cocinar! No me lo esperaba.

MARCOS Claro que sé. ¿Quieres aprender a cocinar bacalao noruego?

LUISA No estoy segura que pueda. Yo sé comer muy bien, pero no tengo la menor idea de cómo cocinar.

MARCOS Anímate. Quizá aprendas un poco.

C.

MARIANO Mira, Jorge, tú y yo pensamos de modo diferente. Para mí, el mayor problema del país es el desempleo.

JORGE No es cierto que el mayor problema sea el desempleo. Tío Mariano, ¿te has fijado en que hay mucho crimen y delincuencia?

MARIANO Claro que sí. La criminalidad aumenta debido a que hay desempleo.

JORGE No, tío. No hay suficientes policías; por lo tanto, las calles son menos seguras. Mira, si tú fueras presidente del país, ¿qué harías, tío?

MARIANO Si yo fuera presidente, promovería la educación de tal forma que los jóvenes consigan el empleo en las empresas. Eso haría bajar el crimen. ¿Y tú?

JORGE Si yo fuera presidente, empezaría por poner más policías en la calle para acabar con los delincuentes. También intentaría construir más cárceles.

Listening Scripts and Answers for Final Exam

	MARIANO	No estoy de acuerdo en que construir cárceles sea una solución. Supongo que nunca lees los periódicos, Jorge.
	JORGE	Siempre leo la sección de ocio, la policiaca y la deportiva. ¿Y tú?
	MARIANO	Mira, Jorge, a menos que leas la primera sección y los editoriales, no vas a estar bien informado.
	JORGE	Ay, tío, sólo tú crees en los periódicos. Si quieres estar bien informado, debes escuchar los programas de la radio por las mañanas. Los comentaristas hablan de todos los problemas del país.
	MARIANO	No es posible que tú escuches esos programas de la radio. Esos tíos no saben ni jota y sólo opinan porque sí.
	JORGE	¿Lo ves? No estamos de acuerdo en nada.
	MARIANO	Claro que sí. Estamos de acuerdo en que no estamos de acuerdo, ¿verdad?
	JORGE	Sin duda alguna.

D.	CARLOS	Oiga Abuela, ¿siempre quiso usted ser abogada?
	ABUELA	Sí, Carlos. De niña, yo ya sabía que quería ser abogada, pero mi mamá quería que fuera enfermera. Soñaba con poder defender a los inocentes y castigar a los delincuentes y criminales. Recuerdo que yo pensaba: "Cuando sea mayor, yo quiero ser abogada".
	CARLOS	¿Y cree que fue difícil alcanzar su objetivo?
	ABUELA	Sin duda alguna. No fue fácil. Mis éxitos se deben a que trabajé mucho. Cuando era joven, trabajé como carpintera y vendedora de productos farmacéuticos.
	CARLOS	Oiga Abuela, ¿y cuáles son sus planes para el futuro?
	ABUELA	Me encantaría ser gobernadora de mi estado. Si yo fuera gobernadora, combatiría el crimen organizado con mucha fuerza, y no me dedicaría a hablar del desempleo, como hace el gobernador. ¿Y tú, Carlos? ¿Qué planes tienes para el futuro?
	CARLOS	Pues en verdad no sé. Me interesaría estudiar diseño gráfico, pero también me encanta escribir y no sé si quiero ser escritor.
	ABUELA	¿Por qué no estudias periodismo? Así puedes diseñar tus reportajes y escribirlos también. Oye, ¿qué vas a hacer este verano?
	CARLOS	Todavía no sé. El martes voy a ir a una entrevista de trabajo en los Almacenes García para trabajar medio tiempo.
	ABUELA	Te recomiendo que seas sincero en la entrevista, no vayas a hablar mucho y lleva un currículum actualizado. Si quieres te ayudo.
	CARLOS	Por supuesto.

Answers Maximum Score: 30 points

A. (6 points: 1 point per item)	**B.** (6 points: 1 point per item)	**C.** (8 points: 1 point per item)	**D.** (10 points: 1 point per item)
1. b	7. b	13. a	21. b
2. b	8. b	14. b	22. b
3. c	9. a	15. b	23. b
4. c	10. b	16. b	24. b
5. c	11. b	17. a	25. b
6. b	12. a	18. a	26. a
		19. a	27. b
		20. a	28. a
			29. a
			30. b